$10.95

12-17-08

MITOS Y LEYENDAS DE AMÉRICA

Melba Escobar

Con la colaboración especial de
Paola Caballero

intermedio

Mitos y leyendas de América

© 2008, MELBA ESCOBAR
© 2008, INTERMEDIO EDITORES, una división de
CÍRCULO DE LECTORES S.A.

Dirección editorial
Alberto Ramírez Santos

Edición
Leonardo Archila Ruiz

Diseño
Adriana Amaya Grimaldos

Diagramación
Diego Jaramillo

Diseño de carátula
Diego Martínez Celis

Ilustraciones
Muyi Neira

Producción
Ricardo Iván Zuluaga

Licencia de Intermedio Editores Ltda.
para Círculo de Lectores S.A.
Calle 67 N° 7-35 piso 5to
gerencia@intermedioeditores.com.co
Bogotá, Colombia
Primera edición: agosto de 2006

ISBN: 958-709-470-0
Impresión y encuadernación
Printer Colombiana S.A.
Calle 64G N° 88A-30, Bogotá, Colombia

A B C D E F G H I J
Impreso en Colombia - *Printed in Colombia*

CONTENIDO

CENTROAMÉRICA

*La palabra del origen es el mito: primer nombre del hogar,
los antepasados y las tumbas. Es la palabra de la permanencia.
La palabra del movimiento es la épica que nos
arroja al mundo, al viaje, al otro.*
CARLOS FUENTES

Tanto el mito como la leyenda narran acontecimientos maravillosos, son textos dedicados con frecuencia a interpretar el origen del mundo o grandes sucesos de la humanidad, usualmente protagonizados por personajes de carácter heroico, divino o demoníaco.

Una de las diferencias entre mito y leyenda es que esta última por lo general puntualiza el nombre de las personas, la época y el lugar donde ocurrieron los hechos, lo que contribuye a que se consolide, con el paso del tiempo, como creencia popular. El mito, por su parte, aunque originario de un pueblo determinado, es considerado una explicación universal para aquellas preguntas que el contexto no puede responder. El mito es un relato que intenta justificar la creación de un hecho específico y en todos los casos, fundamental para la vida humana: el origen del universo, de los animales, de los hombres, del amor y de la muerte se entienden a través de este relato fundador, que además propone un modelo de conducta. Así, la mitología es la mirada intuitiva que arroja un pueblo sobre su propio entorno, una mirada capaz de ordenar el universo para aprehender la realidad. De igual manera, la mitología de un pueblo está fuertemente ligada con su identidad, pues son sus creencias más ancestrales y su cosmogonía, la visión de la realidad que sustenta sus rituales, hábitos y costumbres.

Si bien es difícil hallar un consenso acerca del significado del mito, la definición más ampliamente aceptada es la que se refiere a él como un relato de creación. Ahora bien, con frecuencia se encuentran mitos que al cabo de los años pasan a ser considerados leyendas, o bien cuentos que surgieron a partir de leyendas y que incluso pudieron haber sido mitos en un principio. Sucede en particular con los cuentos infantiles, en donde la frontera entre el cuento, la fábula y la leyenda es difícil de discernir. Esto se debe en gran medida a que el mito no tiene autor, pues pertenece a quien lo narra y su naturaleza es la transformación. Aunque estos relatos puedan resultan arbitrarios, incongruentes y caóticos, es posible hallar ecos de la misma historia en culturas muy apartadas en el tiempo y la distancia. La imagen de los gemelos, por ejemplo, en particular asociada a los cambios climáticos, es común a pueblos de Sur, Centro y Norteamérica. No es de extrañar que en mitologías de otros continentes también esté presente este elemento. Cada uno de estos relatos es una creación de sentido colectivo para un pueblo.

Todo lo que existe –las montañas, el agua, la luz y las estrellas – se formó por primera vez en algún momento y la explicación que cada pueblo nos ofrece hace parte de un engranaje que conforma un lenguaje, un pensamiento, una identidad. Los temas que manejan son comunes a las preocupaciones, temores y creencias del género humano. La respuesta que puede darnos un esquimal, un azteca o un aymara, hoy siguen ocultando un significado profundo sobre el alma humana, sobre el pasado y, por lo tanto, sobre el presente de las civilizaciones. Basándose en la tradición escrita de relatos que en su momento fueron fundadores para pueblos del continente americano, los mitos y leyendas aquí reunidos proponen un recorrido por la visión fundadora con que distintos pueblos explicaron el origen sagrado de todo cuanto hoy hace parte de la experiencia vital del ser humano.

Melba Escobar, abril de 2006

MITOS Y LEYENDAS

Los mitos y leyendas aquí reunidos pertenecen a pueblos representa-tivos de Sur, Centro y Norteamérica. Los distintos relatos que confor-man este volumen hablan de amor y de muerte, de odio y religión, de astucia y pereza. Algunos tienen un tono moralizante, otros son humorísticos, algunos son existenciales, incluso dramáticos. He in-tentado abarcar una amplia gama tanto de temas como de visiones del mundo.

De cada pueblo elegido se ofrece una breve reseña con la in-tención de darle al lector unas mínimas coordenadas sin pretender ahondar en su historia o su legado.

Todos los mitos y las leyendas se basan en transcripciones que han derivado de la tradición oral inicial de estos relatos aún vivos.

M.E.

AMÉRICA DEL SUR

Aymara

Pueblo milenario dedicado al pastoreo y a la agricultura, unido por la misma lengua a pesar de su dispersión geográfica y sus diferencias culturales. Habitan desde las orillas del lago Titicaca y la cordillera de los Andes, hasta el noroccidente de la Argentina. Existen aymaras en Bolivia, Chile, Perú y Argentina. Los aymaras le confieren una dimensión sagrada a la naturaleza. Entre sus deidades ocupan lugar privilegiado los espíritus de las montañas nevadas (achachilas), la Pachamama y la serpiente Amaru, el espíritu del agua.

EL TATÚ Y SU CAPA DE FIESTA

Una noche de luna llena el lago Titicaca decidió celebrar un baile. Las aves estaban encargadas de hacer llegar la invitación a todos los animales que habitaban la meseta, y todos y cada uno de ellos, al recibir el convite, se prepararon con anticipación, esmerándose en el brillo de sus pieles y en la majestuosidad de sus plumajes.

El armadillo Tatú recibió la invitación como todos los demás, pero como él era el representante de la comunidad quería ser el mejor vestido para que se sintieran orgullosos de él y consideraran que su elección había sido acertada; un representante honorable y digno debía deslumbrar con un hermoso atuendo.

Faltaban aun muchos días para la luna llena pero Tatú empezó a tejer una capa muy fina, como las redes de las arañas que se ven entre árbol y árbol, entre rama y rama. Con puntadas certeras e hilo delgadísimo, trabajaba Tatú día y noche sin avanzar mucho por la delicadeza y precisión que su trabajo requería. Un día cualquiera pasó el zorro por su cueva y al verlo tan concentrado buscó la manera de incomodarlo, preguntándole una y otra vez a qué se dedicaba y por qué. Tatú, cansado de tanta insistencia, le contó que estaba tejiendo una capa para la fiesta del lago. "Pero ¿cómo piensas acabarla si la fiesta es esta noche?", exclamó el zorro. Tatú no podía creer que el tiempo hubiera pasado tan rápido, sus manos temblaban y se le escapó una gruesa lágrima que el zorro ya no alcanzó a ver.

Tatú no sabía si tendría suficiente tiempo y fuerza para terminar su capa, pero después de reponerse tomó hilos gruesos que le ayudaron a avanzar más rápido. Su destreza era sorprendente, pero la finura se iba perdiendo a medida que avanzaba y la trama se hacía más suelta. Ya de noche, la capa estaba completa. Tatú salió de su cueva, se puso su capa y se estiró para sacar todo el cansancio. Con los brazos estirados, elevó la cabeza y sus ojos vieron la luna en cuarto creciente. ¡Pero si la fiesta era la noche de luna llena!

Sus ojos enrojecieron de cólera y ya salía en busca del zorro cuando sintió el peso de su capa. Al verla bajo la luz brillante de las estrellas vio que, a pesar de no ser la capa que había imaginado, era hermosísima y resplandecía por el contraste entre los hilos y las tramas. "Está mejor que la que había concebido en mi cabeza, no tendré que deshacerla y, además, ahora tengo tiempo de sobra".

El travieso zorro, quien siempre disfrutaba timando a alguien, no se salió con la suya esta vez. Quedó sorprendido al ver la sensación que provocó Tatú cuando llegó con su capa, el día de la fiesta en el lago Titicaca.

EMBERA

Los embera fueron, desde sus orígenes, hábiles para la guerra y consiguieron expandir su territorio más allá de sus dominios naturales. Después de la llegada de los españoles los embera lucharon con valentía y llegaron incluso a propinarles fuertes derrotas. Sin embargo, los continuos enfrentamientos con los españoles y las enfermedades redujeron sustancialmente su población. Para el período de la Colonia los embera se habían organizado en poblaciones en el Alto Atrato. Hoy subsisten alrededor de sesenta mil en la región del Chocó, en Colombia, y cerca de cuatro mil en la región de Sambú, en Panamá. Junto a los wounaan, los embera son considerados la etnia más importante del Darién. Su producción artesanal, en particular la talla de figuras en tagua y la confección de canastos hechos en fibra de palma, es muy apreciada.

Las aventuras del malicioso Tío Conejo están ampliamente difundidas por todo el territorio sur y centroamericano.

LOS NEGOCIOS DE TÍO CONEJO

Cierta vez Tío Conejo se vio sin dinero y con Tía Coneja preñada. Fue así como decidió pedir prestado y salió a ver a la cucaracha; al llegar a su casa, le dijo:

—Buenos días Tía Cucaracha, ¿cómo le va?

—Bien será, Tío Conejo —le respondió la cucaracha—. ¿Qué lo trae por aquí?

—Vengo a que me preste cinco pesos. Yo se los pago mañana.

—Yo le presto, cómo no, pero con una condición: si no me paga mañana me entrega su maizal.

—Está bien. Puede pasar a las cinco de la mañana y le pago su dinero —dijo Tío Conejo.

Al salir de ahí Tío Conejo se fue a ver a la gallina y le dijo:

—Buenos días Doña Gallina; vengo a preguntarle si usted me puede prestar cinco pesos y mañana mismo se los pago.

La gallina aceptó pero también a cambio del maizal.

—Claro, claro —respondió Tío Conejo— pase mañana bien temprano, como a las cinco y media, y si no le tengo el dinero, se queda con mi maizal.

Entonces Tío Conejo fue donde el zorro.

—Buenos días, compadre —dijo Tío Conejo—; venía a ver si me puede prestar cinco pesos y yo se los pago mañana.

—Con todo gusto —respondió el zorro— siempre y cuando me permita quedarme con su maizal si no me paga.

—No hay problema compadre, pase mañana a primera hora, a eso de las seis.

Con el coyote hizo el mismo trato diciéndole que pasara al día siguiente a las seis y media. Luego con el tigre, que quedó de pasar a las siete y, por último, con el cazador, que iría a casa de Tío Conejo a las siete y media de la mañana.

Al día siguiente, Tío Conejo se levantó de madrugada a esperar a la cucaracha.

Cuando llegó, le dijo:

—Buenos días, Tía Cucaracha. Siéntese un momentico mientras arreglamos el negocio —y estuvo conversándole para distraerla mientras llegaba la gallina. Entonces le dijo a la cucaracha:

—Escóndase ahí en ese baúl, no sea que la gallina la vea y se la coma.

Tío Conejo salió a recibir a la gallina a la puerta y le dijo:

—Buenos días, comadre. Siga que ya le tengo su platica. ¡Pero antes que nada quiero pedirle que se coma a una condenada cucaracha que está escondida en mi baúl!

Contenta, la gallina, se desayunó con la cucaracha.

Poco después llegó el zorro. Entonces Tío Conejo le dijo a la gallina:

—¡Rápido! Escóndase en ese canasto que viene el zorro. Y la gallina fue corriendo a meterse en el canasto.

Apenas llegó el zorro, Tío Conejo le dijo:

—Mire, compadrito, allá entre ese canasto está escondida una gallina por si se la quiere comer.

No había acabado el zorro de masticar, cuando llegó el coyote.

—Oye, compadre, se me hace que te están buscando —le dijo Tío Conejo.

—¿A mí? —preguntó el zorro.

—Sí. Ahí viene el coyote.

—¿Dónde me puedo esconder?

—Súbete al toldo y quédate allí. Yo te aviso cuando se vaya.

—Gracias —respondió el zorro.

El conejo salió a la puerta y cuando vio al coyote le susurró al oído:

—En el toldo hay un zorro malvado que se come todas las gallinas. ¿Podrías hacerme el favor de matarlo, compadre?

Entonces el coyote fue y mató al zorro. Al rato llegó el tigre muy puntual a la cita. La noche anterior habían estado tomando. Tío Conejo le dijo:

—Después de la borrachera de ayer debes tener hambre. ¿Se te antoja un coyote?

Entonces el tigre entró a la casa y se zampó al coyote.

—Será mejor que hagas la digestión en esa loma antes de cerrar nuestro negocio —le dijo Tío Conejo y salió a buscar al cazador.

—En esa lomita hay un tigre dormitando. Es todo tuyo —le dijo Tío Conejo al cazador.

El cazador salió y ¡pum! Hasta ahí llegó el tigre.

Y así fue como Tío Conejo consiguió todo el dinero que necesitaba sin sacrificar su tierrita.

Guaraní

Los guaraníes se establecieron en la Argentina entre finales del siglo XV y comienzos del XVI. Algunos lo hicieron en las islas del Delta del Paraná, otros en Carcarañá, al norte de Corrientes, en la región mesopotámica y en el Chaco (frontera con Bolivia). La principal autoridad estaba representada por un cacique. Como en la mayoría de los grupos indígenas del sur, los guaraníes no tenían noción de la propiedad privada y de hecho los productos que cosechaban se distribuían de manera equitativa entre los miembros de la comunidad; la tierra era considerada un bien común del que todos podían disfrutar y sobre el cual nadie podía reclamar exclusividad. Apenas algunos bienes, como las hamacas, los utensilios de cerámica y las armas, podían ser personales. Entre sus principales actividades económicas estaban la pesca, la caza y la agricultura. Los guaraníes eran un pueblo muy espiritual. Creían en un dios omnipotente y omnipresente, Ñamandú, el padre de todos los hombres. Creían los guaraníes en la Tierra sin Mal, un lugar que podría evocarnos la idea del paraíso del cristianismo. Cada cierto tiempo los chamanes propiciaban grandes migraciones en busca de ese "paraíso perdido" que quedaba en un punto indeterminado, más allá del Gran Mar (Océano Atlántico).

EL PITO GÜE

Cuando la madre de Akitá murió, su padre pidió albergara a la familia. Akitá, su esposa Mondorí y Sagua-á, de ocho años de edad, recibieron al anciano que trataba de ser útil y no estorbar. Una de sus tareas era la de cuidar a su pequeño nieto mientras sus padres se ausentaban para trabajar en las orillas del río Paraná. El abuelo complacía todos los caprichos del nieto a tal punto que el niño no admitía un no como respuesta a sus exigencias; sólo en presencia de sus padres se comportaba cariñoso y dócil.

Poco a poco, el abuelo empezó a perder la vista y la agilidad y ya no podía acompañar al niño a pescar, a recoger frutos en el bosque o a jugar. Se pasaba los días sentado fuera de la cabaña, tejiendo cestos mientras Sagua-á se iba de la cabaña y lo dejaba solo gran parte del día; pero para cuando los padres regresaban, él estaba al lado del anciano, haciéndoles creer que no lo abandonaba nunca.

Un día cualquiera, Sagua-á no regresó a tiempo y cuando Akitá llegó, encontró que su padre no había probado bocado en todo el día; el anciano no podía tenerse en pié. Sin embargo, el abuelo no dijo nada para evitar que su nieto fuera castigado. Sagua-á llegó corriendo, fatigado, y se encontró con la furia de su padre. Pero él seguía sin entender cómo, si podía correr, saltar y jugar, debía quedarse inmóvil junto a su abuelo. Aunque Sagua-á no dijo nada, la rabia contra su abuelo podía leerse dibujada en su cara. Mondorí decidió entonces quedarse algunos días con su suegro que empeoraba, pero pronto tuvo que regresar al trabajo y volvió a pedir a Sagua-á que cuidara de él. Sagua-á se negó al principio, pero su madre siguió insistiendo: "Tu abuelo ha sido muy bueno contigo, es tiempo de darle algo a cambio". Se fue a cumplir con su jornada, temiendo por su hijo; sabía que el dios Tupá no lo dejaría sin castigo.

Mientras tanto, en la cabaña, Sagua-á se preparaba para ir de pesca al día siguiente y no se acordó del abuelo hasta que oyó que lo llamaba con voz débil. El niño lo ignoró lo más que pudo hasta que acudió al lecho sólo porque estaba desesperado de oír su nombre. Sagua-á rió con la expresión del abuelo y mientras reía le preguntaba si su vida se le escapaba, se le apagaba como un pito güé. El abuelo apenas atinaba a decir "pito güé", "pito güé" y diciendo estas palabras, murió. Sagua-á seguía riendo, no era conciente de la trasformación del anciano. Su cuerpo empezó a transformarse en un pájaro de un palmo de longitud, de lomo pardo, pecho y cola amarillos y con una mancha blanca en la cabeza.

Cuando Akitá y Mondorí abrieron la puerta, un pájaro salió de la cabaña y se posó en la rama del árbol más cercano, en donde aun hoy continúa el anciano repitiendo "pito güé", "pito güé".

EL GUAIMI-MGÜE

Célebre en todas las regiones de habla guaraní, el cacique Pearé tenía una hermosa hija pretendida incluso por caciques de territorios muy lejanos. La bella Koembiyú estaba acostumbrada a los regalos más exóticos que le traían sus pretendientes; pero ni los tejidos de plata ni las plumas de garza blanca le habían ayudado a decidirse por alguno.

El gran cacique Pearé, deseoso de casar a su hija y tener un heredero, decidió celebrar un torneo en el cual los participantes debían presentar el jaguar más hermoso, el pájaro de canto más melodioso y el pez de colores más brillantes. Aunque se trataba de grandes retos y peligros, pues tenían que enfrentar a la guardiana de los animales más exóticos, una temible hechicera, tal era el deseo de poseer a Koembiyú, que los pretendientes aceptaron.

Frente a toda la tribu el cacique Pearé dio comienzo al torneo sirviendo miel y chicha a los presentes; mientras tanto, Koembiyú, más hermosa que nunca, miraba el evento sin darle mucha importancia, cuando, de repente, quedó deslumbrada con un hombre de lejanas tierras que veía por primera vez. Al notar que el hombre correspondía sus miradas, Koembiyú acudió a su padre de prisa para decirle que estaba segura de haber encontrado al hombre que tanto habían buscado. No era un guerrero, ni un rico jefe, pero era el hombre que ella había estado esperando. Al presentarlo ante el padre, esté lo encontró tan pobremente vestido y tan poca cosa comparado con los otros ricos pretendientes, que el deseo de Koembiyú de unirse a él quedó irreversiblemente sepultado. Ella, triste pero obediente, se despidió del que amaba y bajó la cabeza. Cuando volvió a levantarla lo vio sin su traje sucio, transformado en un corpulento hombre de cabello rubio. "Soy el hijo del Sol y he venido a pedirte por esposa, pero la vanidad de tu padre me ha enfurecido, así es que serás convertida en pájaro como castigo". Cuando acabó de pronunciar estas palabras, la hermosa Koembiyú ya era un pájaro. Desde entonces, los lamentos del guaimi-mgüe se oyen durante cada crepúsculo.

LA HIERBA MATE

La Luna –que estaba buscando la manera de bajar a la tierra– quería rodar por las verdes praderas, volar por ese otro cielo azul al que llamamos mar. Envidiaba al viento que andaba por donde quería. Una estrella le advirtió que no podía dejar el cielo, pero las nubes, al verla tan animada con la idea de bajar, decidieron ayudarla y fabricaron una cortina de niebla para esconder su ausencia; el arco iris se prestó como escalera.

En la tierra probó los sabores de las frutas, aceptó la invitación del río Paraná a entrar en sus aguas, olió los perfumes de las flores y miró el cielo sin ella. Caminó entre la selva y se sintió encantada de posar sus pies en tierra firme mientras un jaguar hambriento la asechaba. La Luna ignoraba el peligro que corría de perderse en las fauces del animal, pero tuvo tan buena suerte que un cazador lo alcanzó con su lanza y la rescató. El cazador la invitó a su choza, donde su mujer cubrió a la blanquísima criatura con una manta y le preparó una tortilla de maíz con los pocos granos que quedaban. "Mañana no tendremos nada que comer y la próxima cosecha de maíz no es sino hasta dentro de un mes" le dijo la mujer al cazador en voz baja. La Luna alcanzó a escuchar y prefirió irse al cielo, no sin antes agradecer la cortesía de la familia. El arco iris aún la esperaba para su ascenso y las nubes se alegraron de verla; nadie había notado su ausencia.

Ya en el cielo, la Luna pensó en una ofrenda que pudiera alegrar a la familia, algo que la hiciera olvidar el arduo trabajo que hacían día tras día; entonces dejó caer un par de lágrimas de plata que regaron la selva entera. Al amanecer, como todos los días, la esposa del cazador salió de la choza y vio, asombrada, entre el verde que veía a diario, el verde nuevo de un arbusto desconocido con florecillas blancas poblando toda la tierra. Con sus hojas la mujer preparó una infusión y, tras probarla, el cazador y ella se sintieron más fuertes que nunca.

Dicen que, gracias a que probó la infusión directamente de las lágrimas de la luna, la hija del cazador nunca murió. Dicen también que anda, desde aquel entonces, repartiendo la hierba mate entre su gente.

KOGUI

Habitan en la Sierra Nevada de Santa Marta (Colombia), un macizo montañoso que alterna altos picos con profundos valles. De paisaje muy cambiante, la sierra pasa de la relativa aridez y sequedad de las áreas costeras, a la espesura y frondosidad de la selva húmeda de montaña, justo antes de alcanzar la desolación de los páramos, antesala de las nieves perpetuas que, en lo más alto, evocan un paisaje lunar. Una peculiaridad de los kogui es su habilidad para cultivar una gran variedad de alimentos en distintos ecosistemas, pues los diferentes pisos térmicos dan lugar a productos de muy distinta índole. Sin embargo, los kogui basan su dieta en el plátano –que consumen de muy diversas formas– y están acostumbrados a fuertes jornadas de ayuno, particularmente los hombres.

Tienen una concepción dialéctica del universo: todo cuanto existe es sólo porque existe su contrario. Así el bien sólo es posible si hay mal; la alegría sólo llega porque existe la tristeza. Los kogui consideran que los blancos son sus "hermanos menores", y que ellos son los guardianes del universo.

LA CREACIÓN

Al comienzo todo estaba oscuro. Nada había, ni sol ni luna ni gente ni animales ni plantas. Sólo el mar estaba en todas partes y era la Madre, llamada Gaulchovang; ella era aluna, el espíritu del pensamiento y la memoria, y la Madre sólo existía en aluna, el mundo más bajo, la última profundidad. Mientras la Madre permanecía en esa profundidad, arriba se formaron las tierras, los mundos. Entonces la Madre se llamó Se-ne-nuláng. También existió un Padre de nombre Katakéne-ne-nuláng y tuvieron un hijo, Búnkua-sé. Pero no eran gente, eran aluna; eran espíritu, memoria y pensamiento.

Luego se formó el segundo mundo, donde había un Padre que era tigre, pero tigre en aluna, no tigre animal.

Y después se formó el tercer mundo y en este sí que empezó a haber gente, pero sin huesos ni fuerza; eran como gusanos y lombrices. Nacieron de la Madre.

Se hizo el cuarto mundo. Su Madre se llamaba Sáyagaueya-yu-mang y había otra Madre de nombre Disi-se-yun-taná y otro Padre llamado Sai-taná. Este Padre fue el primero que supo cómo iba a ser la gente con brazos, piernas y cabeza. Con él estaba la Madre Auine-nuláng.

Entonces se formó otro mundo, y en este estaba la Madre Enkuané-ne-nuláng. Y se creó la primera casa, pero no con palos ni con paja, solamente se formó en aluna. Ya había gente pero sin ojos, nariz ni orejas. La gente sólo tenía pies. Entonces la Madre mandó que hablaran. Fue la primera vez que la gente habló pero aún no poseían una lengua, sólo hacían ruidos. Fue entonces cuando se formó el sexto mundo. Su Madre era Bunkuáne-ne-nuláng; su Padre era Sai-chaká. Ellos ya tenían casi el cuerpo entero. Y ahí ya comenzaron a nacer los dueños del mundo. Primero eran dos, Búnkua-sé Azul y Búnkua-sé Negro. El mundo se dividió en dos partes, en dos lados: el azul y el negro, y en cada uno había nueve, al lado izquierdo todos azules, y al lado derecho todos negros. Entonces se formó el séptimo mundo y su Madre era Ahún-yiká. El cuerpo aún no tenía sangre pero empezó a formarse. Nacieron más gusanos, todos sin huesos y sin fuerza. Nació todo lo que iba a vivir luego en nuestro mundo.

Se formó el octavo mundo y su Madre se llamaba Ken-yajé. Su Padre era Ahuínakatana. Ahí nacieron treinta y seis padres y dueños del mundo; eran cuatro veces nueve padres y dueños del mundo: Seihukúkui, Seyánkua, Sintána, Kimáku, Kuncha-vitauéya, Aldauhuíku, Akíndue, Jantána y Duesángui. Ellos fueron los primeros nueve padres del mundo. Todavía no estaba completo este mundo pero ya casi estaba todo lo que iba a vivir más adelante. Había agua, pero aún no había amanecido.

Entonces se formó el noveno mundo. Había nueve Búnkua-sé blancos. Entonces los padres del mundo encontraron un árbol grande y en el cielo, sobre el mar, hicieron una casa. La construyeron de ma-dera y de paja, grande y fuerte. Pero seguía sin amanecer. Aun no había tierra tampoco. Así fue como nació Sintana y así nació la Madre, que se arrancó un pelo de abajo y lo untó con la sangre de su mes. Así formó al primer hombre y soplando cuatro veces le dio vida. El hombre del primer soplo no tenía huesos. El del segundo no tenía cuerpo. El del tercero no tenía fuerza. Pero el cuarto hombre ya era un hombre como los que hoy conocemos. Sintana nació en medio del agua, en medio de la oscuridad, tenía miedo de nacer. Madre no tenía un marido sino un bastón de madera. Hasta que un día resultó gorda y a los nueve meses nacieron sus nueve hijos. Fue así como nacieron los padres y dueños del mundo, de la Madre. La Madre parecía un hombre con barba y bigotes. Luego ordenó a los hijos hacer oficios de mujer, como traer agua, cocinar y lavar ropa. Los hijos se burlaban de ella hasta que un día la Madre se puso a traer agua, cocinar y lavar la ropa, se quitó la barba y el bigote, y así ya los hijos la respetaron.

En ese tiempo no había mujeres. Cuando molían la tierra pensaban que eso era mujer. A los nueve meses, la Madre parió de nuevo. Esta vez, la Madre parió nueve hijas: Nabobá, Séi-nake, Hul-dáke, Shivaldungáxa, Nunkalyi, Nábia, Lumíntia, Hélbyel-dake y Kalbexa. Las nueve hijas fueron las nueve tierras. Así nacieron la Tierra Blanca, la Tierra Roja, la Tierra Amarilla, la Tierra Azul, la Tierra Arenosa, la Tierra Quemada, la Tierra Ceniza, la Tierra Rocosa y la Tierra Negra. La Madre se bebió medio mar y en la tierra se formaron las primeras montañas. Y ese fue el comienzo de lo que somos ahora.

INCAS

Se dice que el lugar donde se fundó el imperio Inca fue revelado por el dios Sol –Inti– después de una peregrinación de su jefe, Manco Cápac, en compañía de su hermana, Mama Ocllo, en busca del lugar más propicio. Manco Cápac encontró una tierra fértil en las cercanías de Cusco y, junto con su hermana, engendró a los primeros incas. El poder de este pueblo se consolida a través del dominio de las armas y su fuerza militar. El emperador era considerado para los incas un descendiente directo del Sol. La pirámide social ubicaba a la nobleza en lo más alto, luego al pueblo y a los esclavos en la base. Este modelo se repetía de generación en generación, pues el lugar que cada quien ocupaba en la pirámide se adquiría de forma hereditaria. La majestuosidad arquitectónica de los incas sigue siendo uno de los grandes tesoros de la humanidad. El Imperio Inca fue una civilización que, como los aztecas en Mesoamérica, hizo grandes inventos. El arte alcanzó un alto nivel de elaboración, y la religión fue la manifestación espiritual que determinó sus rituales cotidianos, así como sus modelos de conducta. Creían en Viracocha, el creador, en torno al cual se subordinaban los demás dioses. Se dice que tanto los aztecas como los incas anticiparon la llegada de los españoles. Los incas anunciaban rayos, derrumbes, cometas y terremotos. Pero esperaban también el regreso del dios Viracocha, por eso, cuando supieron de la llegada de Pizarro, muchos creyeron que era la deidad, pero pronto los españoles disiparían esa esperanza.

América del Sur   35

CONIRAYA

En tiempos antiguos apareció el dios Coniraya Viracocha en forma de indio pobre. Aunque la gente lo despreciaba por ir sucio y vestido con ropas andrajosas, él era el creador de todas las cosas; Coniraya recorrió todos los lugares haciendo ríos, árboles y canales y un día —mientras cumplía con ese trabajo— encontró a una hermosa muchacha llamada Cauillaca. Si bien la doncella era cortejada por otros huacas (dioses principales) ninguno despertaba su interés. Al verla tejiendo una manta junto al río, Coniraya pensó acercársele sin molestar convertido en pájaro; se posó en un árbol y le arrojó una semilla a Cauillaca. Ella se comió la semilla y quedó embarazada. Nueve meses más tarde dio a luz un niño sin haber estado nunca con un hombre. Cauillaca esperaba que en algún momento apareciera una explicación para su maternidad, aun siendo virgen, pero ésta nunca llegó. Así que, finalmente, cuando su hijo cumplió un año, convocó a una gran reunión con todos los huacas para averiguar cuál de ellos era el padre de su hijo. Los huacas, animados con la posibilidad de ser elegidos por la hermosa Cauillaca, iban solemnemente vestidos y limpios. Coniraya, como de costumbre, iba sucio, maloliente y desgarbado; se sentó en el suelo, en la esquina más alejada. Cauillaca preguntó cuál era el padre de su hijo pero nadie contestó. Pasaron algunos minutos y como nadie se atrevía a soltar palabra Cauillaca puso al niño en el suelo y le dijo: "Anda, ve a buscar a tu padre". El chiquillo gateó a lo largo del recinto sin que nadie llamara su atención, hasta que llegó al lugar donde se encontraba Coniraya. Entonces se puso a reír y a jugar acomodado a sus pies. Cauillaca, ofendida al ver que ese miserable hombre la había embarazado, alzó al niño en brazos y salió corriendo en dirección al mar. Coniraya cambió sus harapos por prendas majestuosas, se cubrió de oro y piedras preciosas, y dijo a Cauillaca: "Mírame, yo soy el padre de tu hijo", pero Cauilla-ca, enfurecida, no volteó a mirar y, al contrario, aceleró aún más el paso. Coniraya la perdió de vista y le preguntó al cóndor: "¿Puedes decirme por dónde ha ido Cauillaca?" y el cóndor respondió: "Vas por un buen camino, sigue recto y la alcanzarás, no ha ido muy lejos". Coniraya, agradecido con el cóndor, lo bendijo: "Volarás a donde quieras, atravesarás valles y desiertos, comerás carne descompuesta del animal que elijas y tu visión no tendrá límites". Coniraya siguió su camino y encontró al zorrillo, quien le dijo: "Cauillaca se ha ido muy lejos de aquí, ya no podrás alcanzarla". Entonces Coniraya, adolorido y furioso, maldijo al zorrillo: "Vagarás por las noches dejando un olor nauseabundo a tu paso y serás perseguido por los hombres hasta el fin de tus días". Siguió Coniraya hasta toparse con un puma, que le dijo: "Ve un poco más rápido y la alcanzarás". Entonces Coniraya, al oír la buena noticia, lo bendijo diciéndole: "Serás respetado y temido por todos aun después de tu muerte. Puedes comerte las llamas incluso de aquellos que no hayan pecado. Cuando los hombres te quiten la piel no arrancarán la cabeza sino que la prepararán con todo para que parezca viva, con los ojos en sus cuencas y los dientes en su lugar. Sobre todo, aquellos que te maten, deben llevar tu cabeza sobre la suya y cubrirse con tu piel. De ese modo serás venerado en las fiestas.

Además, aquel que te sacrifique debe a su vez sacrificar una llama, y cantar y bailar llevándote sobre la espalda".

Y así siguió bendiciendo y maldiciendo a los animales que se iba topando en su camino. Cuando al fin llegó a la costa del mar, encontró que Cauillaca y su hijo estaban convertidos en piedras. Y entonces siguió vagando por mucho tiempo, haciendo males a pueblos enteros, o a veces sólo a unos pocos hombres y mujeres.

LA HERMANA SERPIENTE

En algún lugar apartado de la cordillera de los Andes vivía plácidamente una mujer soltera. Una mañana, mientras trabajaba en su jardín, se sintió observada y, en efecto, una serpiente se había quedado mirándola por largo tiempo en lugar de atacarla. Tan pronto dejó el trabajo en el jardín olvidó lo sucedido, pero en la noche no pudo conciliar el sueño y descubrió que estaba embarazada. Al día siguiente no quiso salir de su casa y al llegar la noche, cuando al fin pudo quedarse dormida, soñó que la serpiente le decía que ella era la culpable de su embarazo.

A los pocos meses, la mujer dio a luz gemelas, una humana y otra serpiente. La mujer, sumida en la más profunda desazón, soñó de nuevo. Esta vez, mientras amamantaba a su hija humana, su hija serpiente le habló: "Madre, yo nunca podré ser una igual con mi hermana; por favor déjame en el jardín donde fui concebida". Aliviada, la mujer dejó a su hija serpiente afuera y de inmediato esta desapareció entre el maíz.

Pasaron los años y la hija humana creció hasta convertirse en una hermosa mujer con muchos pretendientes, y aunque no se decidía por ninguno, se casó finalmente con un natural de tierras lejanas que se había instalado cerca de su casa. Tiempo después, el esposo le dijo que iría a visitar a su familia y que volvería por ella. Pocos días después de la partida del esposo una serpiente se enrolló en sus pies y le habló: "Tu esposo regresará para llevarte a su casa en un caballo. No lo montes, usa el asno que encontrarás amarrado en la puerta de tu casa. No viajes delante; cabalga detrás de todo el grupo. Lleva contigo hebras de algodón, jabón, un peine, un manojo de lana y unas tijeras". La mujer, que no sabía de la existencia de su hermana, quedó tan asombrada con la aparición de lo que creyó un espíritu, que hizo todo lo que le fue recomendado.

En efecto, el esposo regresó montando un hermoso caballo negro, y tal y como se lo recomendó la serpiente, ella lo convenció de que viajaría más cómoda en el asno. Cuando ya salían, él le pidió encabezar la caravana, pero ella se opuso. Dijo que los retrasaría y que prefería ir atrás, llevando su paso. Emprendieron la marcha y tras largas horas de viaje vio a lo lejos una granja donde descansar. Algo extraño presentía y justo al llegar comprendió que se encontraba ante la puerta del mismísimo infierno. Volvió a montar su asno y salió al galope, aterrada. Aunque llevaba bastante ventaja, el caballo pronto los alcanzó y ella pudo ver a su esposo convertido en demonio. Asustada y sin saber qué hacer, atinó a sacar las hebras de algodón y las tiró hacia atrás. El algodón se trasformó en neblina y pronto volvió a recobrar la ventaja perdida, pero poco duró; ya sentía de nuevo los cascos del caballo a su alcance. Esta vez arrojó al piso los pedazos de jabón que llevaba consigo y el terreno se convirtió en un torrente de barro. El caballo del demonio se retrazó un poco pero volvió a alcanzarla y, esta vez, tiró el peine, que se transformó al instante en un matorral de espinos que lo detuvo durante un buen rato. Cuando la mujer ya estaba llegando a su casa sintió el aliento del demonio a sus espaldas y esta vez arrojó la madeja de lana, que pronto fue un bosque tupido. Ya casi llegaba y, al mirar atrás, vio que el demonio tenía entre sus manos la cola del asno. Lo único que quedaba en sus alforjas eran las tijeras y, al no saber qué hacer con ellas, se las arrojó a la cara. Se dejaron de oír los cascos del caballo y la respiración del demonio; una cruz verde se había interpuesto entre ella y el diablo, quien desapareció en la oscuridad sin dejar rastro.

Una vez en casa, aliviada, la mujer dejó a la bestia en el jardín. De repente vio como el asno se transformaba en su hermana serpiente que, con mirada hipnótica le habló por primera y última vez: "Si vuelves a casarte, hazlo con alguien que conozcas" y tras decir estas palabras, desapareció entre los matorrales.

Mapuche

Los mapuche inicialmente habitaban la zona centro-sur de Chile y Argentina. Poco a poco se fueron expandiendo y finalmente se instalaron en parte de la región pampeana y la Patagonia argentina, territorio que solía ser habitado por otros pueblos indígenas (los pehuenches, entre otros). Vivían predominantemente de la agricultura y adoraban las fuerzas de la naturaleza. En contadas ocasiones realizaban sacrificios humanos y cuando lo hacían era para "calmar la ira de la tierra".

Actualmente viven cerca de un millón de mapuches, entre Chile y Argentina.

HISTORIA DE LA MONTAÑA QUE TRUENA

Hace muchísimo tiempo vivía en la cordillera un pueblo de guerreros, un pueblo al que llamaban "el enemigo invencible". No tenían vecinos ni aliados porque mataban al que osara entrar en su territorio sin autorización. Dicen que no había lugar en el mundo donde las piedras y las flores fueran más rojas, pues allí la sangre de las guerras había impregnado lo más profundo de la tierra. Entre los invencibles sólo había lugar para los valientes: ya los lactantes mamaban el valor de los pechos de sus madres, y alimentándose con carne cruda se convertían en hombres altos y fuertes como montañas. Este pueblo tuvo un jefe llamado Linko Nahuel, "el tigre que salta"; tan valeroso como feroz, la gente solía decir que si fuera posible navegar en los ríos de sus venas, se vería hervir su sangre. Entre todas las montañas del país de Linko Nahuel se distinguía el pico nevado del cerro Amun-Kar, el monte sagrado, el trono de Dios, que dominaba el paisaje con sus laderas verdes y boscosas. En ocasiones la montaña se transformaba, lanzaba humo y fuego hacia el cielo, hostigando a los mapuches con rocas incandescentes. La gente tenía más miedo a la ira de la montaña que al mismo Linko Nahuel. Un amanecer, mientras acampaban en el gran valle que se encontraba a los pies de la montaña, los centinelas bajaron corriendo las laderas para contar que habían visto a miles y miles de enanos armados avanzar por la cuesta del monte sagrado.

Linko Nahuel sintió cómo la cólera subía por su pecho, y cómo sus brazos rogaban descar un golpe. ¿Quiénes eran esos invasores que se atrevían a burlar su tierra? Los aplastaría y una vez más la sangre recubriría el paisaje. Antes de iniciar el combate Linko Nahuel reunió a algunos de sus hombres y les dijo: "Hay que acobardar a esos enanos. Ellos mismos iniciarán la retirada. Vayan y adviértanles con quién se están metiendo; vístanse con plumas negras y largas y con cueros de puma, píntense la cara con figuras torpes y macabras. Hablen poco. Cuando empiecen a huir, los atacaremos".

Los hombres de Linko Nahuel regresaron humillados a contarle al guerrero lo que había sucedido: "Los pigmeos han decidido quedarse. No saben quién eres tú y dicen que no te temen a ti ni a la ira de Dios. Son pequeñísimos, pero tantos, que cubrían todo el paisaje. A donde mirábamos sólo veíamos enanos".

Linko Nahuel, sintiendo hervir su sangre, ordenó a sus hombres alistarse para el combate. Por primera vez subían la cuesta del monte sagrado. De un momento a otro empezaron a llover sobre Linko y sus hombres infinidad de minúsculas flechas. Linko no podía creer que su ejército invencible fuera arrinconado por un puñado de pigmeos, que se escondían como ratones, detrás de paredones y salientes, desde donde lanzaban nieve y piedras a sus hombres. Miles de enanos rodearon a los mapuches. Poco a poco la tierra se fue tiñendo de sangre y Linko Nahuel sentía que se hundía en el vacío; chillaba, luchaba, ordenaba que consiguieran refuerzos, pero todo parecía inútil. Estaban perdiendo la batalla. Los enanos ahora ascendían por la montaña con increíble agilidad. Linko y sus hombres intentaban alcanzarlos inútilmente. En un momento los perdieron de vista. Los miles de pigmeos se habían ocultado para tomar a los mapuches por asalto. Y así lo hicieron. Los fueron atrapando uno por uno. El cacique de los enanos dictó sentencia: "Todos los prisioneros mapuches serán arrojados desde lo más alto de la montaña. Linko Nahuel será el último, para que antes de morir vea la muerte de todo su ejército".

Por primera y última vez en su vida, Nahuel y sus hombres pisaban las rocas del monte sagrado. Los enanos ataron a sus prisioneros de pies y manos. Apenas arrojaron al primer hombre al vacío, escucharon un ruido extraño que parecía surgir de las entrañas del monte. La montaña de Dios lanzaba rugidos furiosos mientras que las rocas volaban en mil pedazos. Un caudaloso río de fuego arrastró a los mapuches y a los enanos, que pronto se confundieron, inertes, con la ceniza. Dios ordenó a los dos caciques sentarse y observar el horror y la muerte que habían provocado por haber llevado la guerra a la montaña sagrada. Desde ese día los convirtió en piedra, para que así padezcan la inclemencia de la lava ardiente por toda la eternidad.

LOS DOS CORAZONES DE CALFUCURÁ

Cuando a Calfucurá, el máximo caudillo de las pampas, quien resistió y ganó innumerables batallas, le preguntaban cómo estaba su salud, él siempre respondía que su corazón alegre galopaba a la velocidad del caballo más veloz, que a pesar de los años aún no se cansaba de latir.

Los de su toldería en Salinas Grandes y todos los habitantes de la pampa se preguntaban si su corazón era diferente porque, sin duda, Calfucurá se guiaba por este, que todo lo veía, lo penetraba y comprendía. El día de su muerte, en junio de 1873, sus hombres abrieron su pecho y encontraron dos corazones latiendo velozmente; el hombre fue enterrado en una guaca de madera de caldén y bajo las arenas del desierto, que supo dominar, han de estar aún esos dos corazones latiendo.

Algunos espíritus bajaron a espiar el destino de los dos corazones y por ellos se sabe que aún siguen latiendo para dar fuerza a los indios y hacerlos victoriosos. Otros aseguran que Calfucurá anda de nuevo por la pampa para acabar con ignominias y derrotas y que se le puede reconocer por el talismán de piedra azul que lleva siempre entre sus manos.

LA PIEDRA AZUL DE CALFUCURÁ

El cacique de los belicosos mapuches, Pachicurá, padre de Calfucurá, se encontró en una ocasión rodeado por sus enemigos en
algún lugar de la extensa pampa argentina, pero logró escabullirse corriendo hacia una laguna cercana a la serranía. Cuando allí se recuperaba
vio un remolino que se acercaba inquietando las aguas de la laguna y,
dentro de éste, alcanzó a distinguir una figura humana de color azul,
muy luminosa. Una suave voz le indicó que se escondiera en la gruta
que hallaría caminando bajo el agua, y eso hizo. Pasado el asecho,
Pachicurá salió a la superficie y se encontró con una extraña piedra
azul de figura humana y decidió envolverla en una manta y llevarla a
su gente que en aquella oportunidad pudo vencer al enemigo.

La piedra azul no sólo fue de gran ayuda para Pachicurá y su
tribu, sino también para la tribu de Calfucurá y para la tribu de su
nieto Namuncurá. Todos ellos, convencidos de su santidad y poder,
la veneraban y respetaban. Los rebaños, el poder, la prosperidad, la
ayuda en el peligro, todo lo bueno provenía de la piedra, la cual se
podía ver apenas una vez al año cuando el cacique, el único que podía
tocarla, la exponía ante la tribu.

LA LAGUNA DEL CALDÉN SOLITARIO

La tribu del cacique Tranahué había atacado a unos pobladores cercanos con sus lanzas y boleadoras. Ahora regresaban victoriosos, él y sus hombres, con el botín que las mujeres y los muchachos, quienes siempre marchaban atrás y actuaban después del asalto, habían ido recogiendo a su paso.

Confiada, la tribu atravesaba el arenal con gritos de júbilo, cuando los hombres observaron una nube del polvo que se acercaba a ellos: un tropel de jinetes, sin duda de la tribu Cho-chá, los atacaron y malhirieron enseguida; por ser más numerosos se apoderaron de los animales robados y del resto del botín.

Varios hombres, incluido el cacique, agonizaban y rogaban por agua, pero en aquel inhóspito lugar no había sitio alguno donde guarecerse, ni riachuelos, ni vertientes. No había nada.

Peñuén, la esposa del cacique, sugirió invocar al Gran Espíritu y todos se prepararon para empezar el ruego guiados por el sacerdote Ngen-pin. Danzaron alrededor del fuego durante largas horas hasta que, finalizado el rito, observaron algo a lo lejos que los llenó de esperanza: médanos. En efecto, los médanos eran una señal de agua dulce y hacia allí se encaminaron, pero en lugar de agua encontraron un caldén* enorme que ellos llamaban *ketré witrú*. Bajo su follaje pudieron protegerse del sol agudo de la pampa. Descansaban, cuando uno de los guerreros abrió un tajo en el tronco y de ahí brotó agua fresca que se fue acumulando en una depresión, al lado del gran árbol. Todos los heridos tomaron agua pura y después los demás, que volvieron a danzar, esta vez para agradecer al Gran Espíritu. Agotados de la ruda faena, la tribu entera quedó dormida hasta el día siguiente, cuando a Uzi lo deslumbró un espejo de plata que reflejaba los rayos del sol. El agua del caldén continuó brotando toda la noche y había formado una hermosa laguna, la laguna del caldén solitario, *ketré witrú lafquén*, como fue llamada desde aquel entonces.

No sólo la herida en el tronco del árbol se había cerrado, también las llagas y contusiones de los heridos habían desaparecido. Tranahué, al verse a sí mismo y a los demás en perfectas condiciones, decidió retornar a sus dominios, pero todos quisieron quedarse junto al caldén, lugar donde sus vidas habían sido salvadas. Allí se levantaron toldos y hubo campos fértiles y agua pura para los araucanos de varias generaciones.

* *Árbol de la familia de las leguminosas* (Prosopis caldenia) *muy abundante en la pampa argentina.*

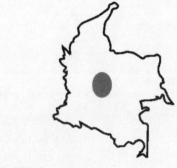

MUISCAS

En lengua chibcha, la palabra muisca significa "gente", el nombre dado a quienes habitaban el altiplano cundiboyacense en la parte central de Colombia. Cultivaban maíz, papa, algodón, quinua y yuca, entre otros alimentos. Intercambiaban esmeraldas, cerámica y sal con pueblos vecinos de las riberas del río Magdalena. Los muiscas conformaron la cultura indígena muy desarrollada en lo que se refiere a la organización de un Estado. Crearon una confederación de cacicazgos que generó un sistema unificado en cuanto a las leyes, los impuestos, la religión y la lengua. También contaron con una sólida economía en la que se destacaba la producción de esmeraldas, la minería de cobre, el carbón y la sal.

LA CREACIÓN

Cuando nada existía, excepto la noche, toda la luz estaba contenida en un gran ser omnipotente a quien los muiscas llamaban Chiminichagua. Chiminichagua comenzó a amanecer con toda la luz que lo habitaba iniciando así la creación del mundo. Grandes pájaros negros fueron creados por él para transportar en sus picos el aire resplandeciente que iluminó la esfera terrestre. Junto con las constelaciones y demás bellezas del universo, fueron creados por el señor de todas las cosas el sol, al que adoraban por su luminocidad, y la luna, venerada como mujer y compañera. Chiminichagua nunca fue hecho figura ni adorado directamente y su creación la hizo también a través de otros dioses.

Después de creadas las montañas y demás cosas que abundan en la tierra salió una mujer de una de las lagunas del páramo de Iguaque, bellísimo lugar cubierto con prados de musgos y líquenes, con peñascos recortados y pedregosos, rodeado por sierras cuyas cimas están cubiertas casi todo el año por una delicada neblina. Esta buena mujer de grandes pechos, Bachué, bajó a la llanura con un niño de tres años y allí vivieron hasta que el niño se convirtió en hombre y esposo. La fecunda Bachué y su esposo recorrieron toda la tierra dejando en ella muchos hijos, a quienes enseñaron las leyes y los preceptos del pueblo muisca, inculcaron la adoración a los dioses y exhortaron a vivir en concordia, paz y armonía.

Longevos ya, los esposos regresaron a Iguaque y, despidiéndose amargamente de sus descendientes, se sumergieron de nuevo en la laguna, transformados en dos serpientes descomunales.

HUNZAHUA Y SU HERMANA

Dicen que el primer cacique que hubo en Tunja y Ramiriquí se llamaba Hunzahua. Hunzahua vivía enamorado de su hermana, que era muy hermosa, pero como no podía obtener sus favores debido a la vigilancia de su madre, decidió ir a la provincia de los chipataes a comprar algodón, abundante en aquella región. Ya desde el comienzo tenía pensado llevarse a su hermana, y no le costó gran trabajo convencer a su madre de dejarla ir, pues el propósito de su viaje era noble.

Pocos días después del regreso de los hermanos la madre notó que a su hija se le abultaba el vientre y le crecían los pechos. Con encendida cólera tomó el palo de batir la chicha y se puso a golpear a la muchacha en la cabeza. Al poco rato, la ira de la madre había roto el palo, derramado la chicha y dejado a la muchacha desparramada por el suelo junto a la bebida de maíz. En eso se abrió la tierra y se bebió la chicha derramada y en ese lugar se formó un pozo insondable. Hunzahua, triste y furioso por lo que su madre le había hecho a su hermana se fue de la casa y se subió a la luna, que estaba justo encima del pueblo. Desde allá arriba envió mil maldiciones que dejaron la tierra estéril y con malos vientos, como ahora es. Desde el cielo, llamó Hunzahua a su hermana con una trompeta de palo. La hermana, asustada por la furia de su madre, decidió irse con Hunzahua, quien lanzó una tiradera al aire para que le indicara un camino al azar. La tiradera, chillando con un cascabel que llevaba, los fue guiando hasta Susa, donde le dieron a la muchacha los dolores del parto. Nació un niño que no se atrevieron a cargar, por no saber a dónde, y lo dejaron convertido en piedra en una cueva donde hoy, dicen, sigue existiendo. Siguieron guiados por la flecha, pasaron las tierras de Bogotá, cerca del pueblo de Ciénaga, debajo del Salto del Tequendama, y cansados, se convirtieron en dos grandes piedras que hoy están en la mitad del río. Se dice que fue lo sucedido a este cacique con su hermana, la razón por la que los muiscas tomaron la mala costumbre de andar ellos con las suyas y casarse con ellas.

ONAS

Los onas eran, junto con los tehuelches, los titanes del sur, con una estatura promedio de 1,80 cm. Tanto a los españoles, como a sus vecinos, les asombraba su tamaño y su fuerza. Eran nómadas, cazadores y pescadores de río. Cazaban aves y roedores. También se nutrían de res, frutas y champiñones. Los onas son recordados por el refinamiento de sus modales y su ecuanimidad. Se dice que cuando cazaban se cuidaban de cortar la bestia en partes iguales, para no beneficiar a alguien en particular. Incluso el matarife a veces se quedaba sin su porción con tal de darle generosas cantidades a los demás, pero casi siempre alguien llegaba a compartir con él su tajada.

No tenían un cacique ni jefe de ningún tipo. El hombre que se destacara en cualquier actividad era el líder en ese campo específico. Al día siguiente, el líder podía ser otro cualquiera. También se los recuerda como seres cariñosos que sentían poco pudor de la desnudez, salvo que se tratara de un hombre gordo, pues la barriga delataba que era un perezoso. Por su parte, las mujeres debían ser voluptuosas, pues era una muestra de que su esposo era bueno en la caza y en la pesca.

YINCIHAUA

Todos los años, en la primavera, las jóvenes onas se reunían para la fiesta de Yincihaua. Acudían desnudas, con el cuerpo pintado, y usando máscaras multicolores. Sabían hacer hermosos dibujos geométricos para representar a los espíritus que viven en la naturaleza. Estos espíritus les otorgaban los poderes que ellas sobre los hombres. Un día, una niña tomó un poco de tierra blanca y empezó lentamente a trazar las cinco líneas que pensaba pintar desde su nariz hasta sus orejas. Las otras chiquillas trataron de imitarla, y de repente, se encontraron sumergidas en un juego maravilloso. Cada una echó a volar su imaginación. Se pintaban de arriba a abajo con armoniosas figuras, se ayudaban unas a otras, sonreían, se admiraban mutuamente. Para no ser reconocidas se pusieron en sus rostros unas máscaras talladas de colores blanco, negro y rojo. Una vez listas, salieron de la choza haciendo mucho ruido para asustar a los hombres que esperaban afuera. La alegre ceremonia se encontraba en pleno apogeo; todos chillaban y danzaban cuando una fuerte discusión entre el hombre Sol y su hermana Luna, llamó la atención de los asistentes.

—Puedo vivir sin ti, no te necesito para nada —decía la Luna al Sol.

—Sin mí, no existes —respondió el Sol.

—Tal vez deje de brillar, pero no soy sólo brillo —dijo entonces
la Luna.

—No vales nada sin el brillo que yo te doy —replicó el Sol.

—¡Eres un presumido! —dijo la Luna, enfadada.

—La presumida aquí eres tú —contestó el Sol.

Y seguían discutiendo como un par de críos. Poco a poco, la
gente comenzó a tomar partido. Los hombres comenzaron a apoyar
al sol, las mujeres a la luna. La discusión iba en aumento, y ni siquiera el
arco iris, casado con la luna, pudo contenerla. Las mujeres, asustadas
por la pelea, se refugiaron en la choza del Yincihaua que, de repente,
ardió en llamas. Ninguna logró salvarse. Todas murieron a causa del
fuego. Poco después de haber muerto se convirtieron en hermosos
animales, estilizados, con las figuras geométricas del maquillaje de
las mujeres dibujadas en sus pieles y plumas. Hoy siguen siendo así. Es
el caso, por ejemplo, del cisne de cuello negro, el cóndor y el ñandú.
Ellas nunca supieron lo que había sucedido, y les habría dado mucha
pena, porque fueron los hombres quienes prendieron el fuego. Tenían
envidia del poder que en el comienzo de los tiempos ostentaban las
mujeres, y querían quitárselo. La mujer-luna se fue con su esposo
Akaynic hasta el firmamento. Detrás de ellos, queriendo alcanzarlos,
se fue el hombre- sol.

QUECHUAS

El quechua es la lengua de los incas, una de las lenguas más ricas del continente. Después del español, el quechua es quizá la lengua más hablada en América del Sur. Está emparentada con otras lenguas como el aymará. Existen comunidades quechuas en Colombia, Ecuador, Perú, Bolivia, Argentina y Chile.

EL VIENTO Y EL SOL

El viento iba siempre elegante con su larga capa, su saco de lana y un sombrero. El sol, bajo un sombrero de paja ardiente, lo veía todo con sus inmensos ojos amarillos.

Un día, el viento y el sol se encontraron para descubrir cuál de los dos era el más poderoso. El viento dijo:

—Yo hago volar los sombreros, dejo a los bebés sin abrigo y a las casas sin techo. Soy yo quien separa el grano de la paja en los trigales y con mi aliento refresco a los hombres.

El sol respondió:

—Con mi calor hago correr a la gente en busca de sombra y abrigo bajo los montes y refresco en el río. Los hago sudar y quitarse sus ponchos a todos, incluso a ti, hermano viento, que perderás el sombrero la capa y el saco en un momento.

El viento y el sol compitieron. El viento empezó a soplar con fuerza pero no consiguió quitarle el sombrero, al sol, ni mover uno solo de sus rayos, ni apagar la chispa amarilla de sus ojos.

Cuando llegó su turno, el sol comenzó a calentar más y más. Tan grande era el calor que el viento tuvo que quitarse el sombrero de alas. Después, ya sofocado y bañado en sudor, se quitó la capa y el saco. Desde entonces reina el sol. Y al viento se le ve vagando desnudo por los caminos del mundo, silbando su derrota.

LA VIEJA DIABLA

Los hermanos estaban buscando leña en el bosque cuando vieron algo blanco a lo lejos y pensaron: "Allá debe haber bastante leña". Subieron hasta la loma, pero en vez de leña encontraron los huesos de un caballo. Los dos hermanitos siguieron su camino y de nuevo fueron en busca de algo blanco; al llegar sólo encontraron cañas de bambú. Siguieron buscando hasta que cayó la noche y el miedo y el frío se apoderaron de ellos.

Estaban perdidos. Caminaron hasta encontrar una cueva alumbrada. Una viejita salió de la cueva y los saludó:

—¿Qué quieren niños? ¿Puedo ayudarlos?

Los hermanitos le contaron que estaban perdidos, que tenían miedo, hambre y frío.

Entonces la viejita los invitó a seguir, les ofreció papas, que en realidad eran piedras, y les dio carne asada, que en realidad era un sapo. Como estaban tan cansados preguntaron dónde podían dormir.

Entonces ella dijo que el chico dormiría en el rincón, mientras que la niña, que era rosadita y rolliza, dormiría con ella.

Al día siguiente el niño no encontró a su hermana por ninguna parte.

—Fue al pozo a traer agua —dijo la vieja—; toma esta calabaza y trae agua en ella tú también.

El niño fue al pozo pero ahí no estaba su hermana; sólo un sapito que croaba:

—*Croac*, esa no es una calabaza. *Croac*, es la calavera de tu hermanita.

Como su hermanita era rolliza y rosadita, la vieja se la había comido mientras dormía.

—*Croac* —continuó el sapo— la vieja se ha comido a toda tu hermanita. ¡Vete!

Cuando la vieja lo vio huyendo lo siguió y se oyeron sus gritos desde muy lejos diciéndole:

—¡Espera niño, espera!

SHUAR (JÍBAROS)

Los Shuar son una etnia de valientes guerreros. Combatieron a los incas y causaron varias derrotas a los españoles. Ni los incas ni los españoles lograron conquistar el territorio Shuar. Eran, además, muy temidos por la costumbre que tenían antiguamente de reducir las cabezas de sus enemigos. En un rito llamado tsantsa, *reducían los cráneos de los invasores de sus tierras para luego conservarlas como trofeo. Esta ceremonia hizo que algunos les pusieran el sobrenombre de "jíbaros", que significa "hombres salvajes".*

ETSA E IÇWIA

En las selvas de la amazonia ecuatoriana vivió Iwia, un malvado demonio que se alimentaba de aves, sin saciarse nunca. Un día cualquiera atrapó a los padres de Etsa en su red y los devoró. Al poderoso hijo de la pareja lo mantuvo a su lado, haciéndole creer que él era su padre. Cuando el niño ya tenía edad para ir a cazar, Iwia lo mandaba por pájaros y Etsa volvía siempre con la red llena, hasta aquel día, cuando salió y se encontró con un silencio terrible. Los pájaros se habían acabado. En la rama de un árbol quedaba la última paloma, Yápankam.

Yápankam y Etsa se miraron largamente y Etsa se tumbó en el piso desconsolado; había dejado la selva sin pájaros. Al poco tiempo, se hicieron amigos y Yápankam le contó cómo Iwia había matado a sus padres. Etsa se negó a creerlo pero entre más detalles le eran narrados, terminó por convencerse.

Tras hablar con la paloma, Etsa decidió vengar la muerte de sus padres y convenció a Iwia para que viajaran hacia otro lugar en busca de aves. El perezoso Iwia, imaginando mucha comida, se dejó conducir hasta el río; allí Iwia fue halado por Tsunki, el protector del espíritu del mundo acuático. "Ya no puedes devolverle la vida a tus padres, pero sí a los pájaros; toma esta cerbatana y mete dentro de ella las plumas de los pájaros que has atrapado"—le dijo Tsunki. Así hizo Etsa y al soplar, por el otro orificio de la cerbatana, salieron pájaros que volvieron a poblarlo todo.

Dicen los Shuar que desde entonces ellos son gente de Etsa y que Iwia habita en las profundidades de las aguas. A veces sus lamentos se dejan oír por toda la tierra, pero Tsunki lo tiene dominado, de lo contrario su hambre devoraría a todos los Shuar y aún no quedaría satisfecho.

TEHUELCHES

"Tehuelche" era la denominación que le daban los mapuches a los pueblos de la pampa y que iban desde el Chubut, Argentina, hasta las costas del Estrecho de Magallanes. "Tehuelche" significa "gente bravía" en maudungun, el lenguaje de los mapuches. Los tehuelches se desplazaban en grupos y formaban campamentos para dedicarse a la caza y la recolección. Luego se instalaban en otro territorio en donde volvían a aprovechar los recursos naturales, antes de continuar a un nuevo lugar. Los tehuelches practicaban el rapto de mujeres, costumbre que solía desencadenar conflictos interétnicos. Hoy en día quedan alrededor de ciento veinte ubicados en gran medida en la provincia de Santa Cruz, Argentina.

PILLAN QUITRAL, EL FUEGO SAGRADO

Al principio, el dios de todas las cosas, el que siempre existió, vivía rodeado por densas y oscuras neblinas, en el punto donde se juntan el cielo y el mar. Un buen día, harto de su eterna soledad, lloró y lloró hasta que sus lágrimas formaron a Arrok, el mar primitivo. Al ver lo que había hecho con sus lágrimas, Kóoch soltó un prolongado suspiro. Ese suspiro fue el principio del viento. Kóoch se alejó para observar su creación desde la distancia. Al verla, alzó su mano en el aire y de ella brotó una chispa luminosa que rasgó las tinieblas. De ahí nació el sol, la primera luz.

Con el primer fuego y la primera luz, nacieron también las nubes. Los tres elementos decidieron proteger a los seres perecederos de la tierra. Tiempo después, Elal, el dios nacido de la nube, creó a los hombres de la raza tehuelche en las tierras del Chaltén. Los hombres pasaban mucho frío, algunos morían durante las heladas, y le temían a las tinieblas. Elal decidió entonces enseñarles el fuego. Desde ese día, los tehuelches comenzaron a ofrendar animales, frutos y objetos preciosos a los dioses. El fuego sagrado ardía para celebrar la llama de la vida. También se celebraba el fuego de Pillán, el fuego que escupen las bocas rabiosas desde lo más hondo de la tierra. Porque Pillán comanda las leyes del fuego en cielo y tierra. Pillán controla el fuego de la vida, y el fuego que devora, el fuego de la muerte. Honraban también el fuego ya frío de las estrellas distantes, porque es allí donde reposan las almas de los que se fueron, que con permiso de Elal, se asoman a contemplar a sus parientes desde las alturas. También hay el fuego malo, aquel que arde en las montañas y en los árboles para anunciar la muerte de alguien. Mientras los tehuelches recuerden agradecer el fuego, las hogueras de esta tribu milenaria no se apagarán nunca.

EL TORO Y LA MUJER

En algún lugar de la pampa argentina, entre la sierra de la Ventana y la sierra del Tandil en el sur de la actual provincia de Buenos Aires, y cuando los animales aún no habían perdido el habla, un toro se le acercó a una mujer y le habló amablemente apaciguando su miedo e invitándola a acompañarlo a su toldo. La mujer repuso que tenía hambre pero el toro dijo tener un guanaco que podían compartir. Sin otra excusa en mente, la mujer aceptó la invitación y preparó el fuego. Se comieron el animal entero y se quedaron dormidos y durmieron bajo el mismo techo no sólo esa, sino muchas otras noches porque la mujer se quedó a vivir con él.

Una mañana la mujer notó que el arroyo frente al toldo empezaba a secarse y dijo al toro que debían buscar otro sitio donde vivir. El toro conocía un manantial detrás de una de las sierras, y decidió ir a reconocer el lugar. Aprovechando la ausencia del toro y cansada de lo inoportuno y molesto que era, la mujer escapó y se escondió en un cerro empinado y pedregoso. En su rápida escalada se raspó dejando un rastro de sangre. El toro regresó y siguió sus huellas hasta encontrarse de frente con un cerro que no podía subir y unas piedras manchadas de sangre. Enfurecido e impotente, creyendo que la mujer se había destrozado entre las piedras, empezó a dar brutales cornadas y golpes contra el cerro hasta perder los cuernos y desangrarse. La mujer, que todo lo pudo presenciar desde la altura en la que estaba, al ver el cuerpo inerte del toro esperó un rato y le tiró una piedra. Como el toro no se movió, bajó y volvió a su antigua toldería. Nunca le conto a nadie lo que habia sucedido.

TICUNA

Viven entre Perú, Brasil y Colombia, en el Trapecio Amazónico, entre los ríos Putumayo y Amazonas y en el río Caquetá. En la actualidad son alrededor de treinta mil personas que viven en pequeños poblados con casas para una sola familia, en lugar de la maloca donde habitaban antiguamente en comunidad. Los Ticuna se dedican a la pesca, la caza, la horticultura y el comercio. Son muy buenos cazadores, en particular de la danta, el pecarí, el venado y los monos. Las mujeres se destacan como artesanas, en especial por su talla en madera y por los objetos que fabrican a partir de la fibra y la corteza de árboles.

CÓMO SE POBLÓ LA TIERRA

Junto con los paujíes, los monos, los grillos y las perdices, vivía Yuche, único humano de la tierra desde siempre. Sabía, porque lo había visto, que el mundo vivía, que la vida era tiempo y el tiempo, muerte. Su choza estaba en un claro de la selva, cerca al río de fina arena, donde no hacía ni demasiado calor ni demasiado frío, no llovía tanto ni había sequía. Era el sitio más plácido; el sitio donde todos los ticunas esperan ir.

Como era su costumbre, Yuche fue de mañanita a bañarse en el río. Pero esta vez, al lavarse la cara y ver su rostro reflejado en el agua, vio con tristeza que había envejecido. Pensó que la tierra quedaría más sola todavía y eso lo entristeció mucho más. Al terminar su baño regresó a su choza y en mitad del camino empezó a sentir un dolor en la rodilla; se le ocurrio que podía ser una avispa que lo había picado pero era tal el dolor, que tan pronto llegó a su choza se acostó. Mientras dormía soñaba que entre más soñaba más débil y viejo se hacía y que de su cuerpo salían otros seres.

Se despertó muy tarde al día siguiente pero el dolor no le permitió pararse. Se miró la rodilla y vio con asombro que su piel se había vuelto transparente. Al mirarse con detenimiento descubrió que dos seres minúsculos se movían dentro de él, uno de ellos un hombre con un arco, y el otro, una mujer con un chinchorro. Intrigado, les preguntó quienes eran, cómo habían entrado en él, pero el hombre continuó templando el arco y la mujer cosiendo el chinchorro.

Desesperado, intentó ponerse de pie pero cayó de rodillas y la rodilla transparente se abrió dejando salir a los dos seres que empezaron de inmediato a crecer. Cuando alcanzaron el tamaño de un ticuna, Yuche murió.

Los primeros ticunas fueron ellos y tuvieron muchos hijos. Los hijos quisieron conocer más tierras y de allí partieron y nunca más pudieron encontrar ese lugar otra vez.

Yagán

Alrededor de sesenta yaganes subsisten hoy al sur del Estrecho de Magallanes, en la región del canal Beagle. Los yaganes, el pueblo más austral del continente, cazaban con arpón y pescaban. La caza era fundamentalmente marina. Pasaban largas temporadas a bordo de canoas en donde la mujer se dedicaba a remar, mientras el hombre se ocupaba de conseguir alimento. Las mujeres eran también tejedoras de cestos y recolectoras de moluscos. Desde pequeños enseñaban ciertas normas de la vida nómada a sus niños. El principal "mandamiento" que regía su conducta era el de ser útil a la comunidad donde habitaban.

LAKUTA LE KIPA, LA ÚLTIMA MUJER DE LA RAZA WOLLASTON

Me llamo Lakuta le Kipa. Lakuta es el nombre de un pájaro, Kipa quiere decir mujer. Cada yagán lleva el nombre del sitio en el que nace. Mi madre me trajo al mundo en la bahía de Lakuta, por eso me llamo Mujer Lakuta. Soy la última descendiente de la raza de Wollaston. Los wollaston eran una de las cinco tribus yaganas. Las cinco tribus estaban en las islas al sur de la Tierra del Fuego, pero todos éramos dueños de la misma palabra, todos hablábamos la misma lengua. Ahora todos han muerto y sólo quedo yo, que ya estoy vieja. No sé cuándo nací. De niña acompañaba a mi padre a cazar nutrias y a pescar. Recuerdo que en la canoa siempre había fuego para calentarnos —lo prendían sobre arena y yerbas—, y sin embargo, yo sentía mucho frío. Nadie en la canoa sabía nadar, pues las costumbres de los antiguos ya no eran las nuestras. En tierra, acampábamos y armábamos nuestro ákar. Adentro prendíamos el fuego y nos quedábamos mirando la llama y comiendo mariscos. Y así de una isla a otra. La comida estaba ahí, sólo había que cogerla. La naturaleza nos daba todo. Por ejemplo, nos daba lobo de mar, y aceite de lobo de mar para calentarnos; nos daba también los pájaros de la playa, un delicioso manjar. Me gustaba mucho cazar pájaros en medio de la oscuridad. En la canoa, nos acercábamos con mi madre. Los encandilábamos con un palo encendido y cuando caían en la canoa les dábamos un golpe mortal. En verano comíamos huevos hasta saciarnos, hasta caer dormidos de tanto comer.

Cuando había mal tiempo los ancianos se juntaban en el ákar y contaban sus historias junto al fuego. Ellos me contaron que el arco iris que está en el cielo se llama Watauineiwa. A él le piden favores los hechiceros yaganes y también todos los que necesitan algo. Watauineiwa no castiga, sólo ayuda. Si uno mira al cielo cuando sale el arco iris, puede ver uno pequeño junto al grande. El pequeño se llama Akainij y es hijo del grande. Los dos son lo mismo.

Cuando hay tempestad se le pide que llegue la calma. Si hay un niño huérfano, las personas que lo cuidan lo llevan ante Watauineiwa para que lo ayude. Al otro día amanece en calma para mariscar. Se puede salir en la canoa y no hace falta alimento. Es como si el niño hubiera pedido perdón para que todo vuelva a estar bien en la tierra y termine el mal clima. Cuando había mal clima los hechiceros también salían de su ákar para rogar que mejorara el tiempo. Pero todo esto fue hace muchas lunas. La gente se olvidó de rezarle a Watauineiwa y empezó a enfermar, a desaparecer, a cambiar. Ahora sólo quedo yo, Lakuta le Kipa.

Yanomami

Los yanomami viven en una región que comprende parte el Estado de Romaira, el Amazonas y el sur de Venezuela. "Yanomami" significa "gente, especie, hombre". El resto de las personas —otros indígenas, y criollos— son "nape", es decir, "gente peligrosa". En sus conucos, los yanomami cultivan una gran variedad de plátanos y bananos, yuca amarga y dulce y tubérculos, como la batata y el ñame. También cultivan plantas para usos rituales, como alucinógenos y colorantes con los que se pintan el cuerpo, particularmente de colores rojo y negro. En algunas ceremonias es común el uso del yopo y el tabaco como una forma de entrar en contacto con fuerzas sobrenaturales. Los yanomami se desplazan regularmente, pues el período productivo de sus cultivos suele durar un par de años.

LA CREACIÓN

Los yanomamos somos sangre de Peribo. Peribo-riwë vivía en este mundo junto con su hija y con su yerno Amoawë. La hija se llamaba Purimayoma. Ella no quería a su esposo más que como a un hermano y eso no le gustaba a Peribo-riwë; de hecho eso lo avergonzaba.

Un día se fue con su hija y con su nieto al monte, lejos del conuco donde estranguló a su hija. Después le dijo a su nieto que le sacara los ovarios. El nieto obedeció: los sacó y se los dio a Peribo-riwë, quien los envolvió entre unas hojas. Habiendo hecho esto, Peribo-riwë y su nieto regresaron al conuco.

La hija no había muerto. Cuando se fue su padre, ella se transformó en conuco. En el conuco Peribo-riwë asó los ovarios y se sentó a comérselos. Cuando se terminó el guiso que le había cocinado el nieto, Peribo-riwë se sintió muy raro. Enseguida el cuerpo se le fue poniendo caliente y comenzó a pasearse por el conuco de aquí para allá. Estaba inquieto y gritaba por el ardor que sentía, sin dejar de abanicarse ni por un momento. Después se fue al patio, caminando, y allí comenzó a subir por los aires. Los no-patabï se reían de él. Peribo-riwë seguía subiendo. Ahora ya no se abanicaba. Los niños pensaban que era un truco y le tiraban palitos, como cuando querían hacer caer una fruta de un árbol. Los adultos reían creyendo que estaba intentando hacer una demostración de su poder. Pero Peribo-riwë iba cada vez más alto. Entonces los hombres comenzaron a juntarse en el patio; apuntaban con sus arcos e intentaban clavarle una flecha. Él seguía subiendo, dando vueltas. Los viejos comentaban: "¿Por qué no lo flecharon cuando iba volando bajito? Ahora ya está muy alto". Peribo-riwë se escapó. En eso, Suhirina-riwë se bajó del chinchorro, cogió su arco y sus flechas, se puso a mirar hacia arriba y dijo: "¿Por qué no le tiraron cuando estaba bajito? Ahora está muy alto". Entonces jaló la cuerda del arco. La encontró floja y la templó. Así fue cómo él nos enseñó a templar los arcos antes de disparar la flecha. Si no acertamos, es porque tenemos el arco flojo. Después apuntó con otra flecha. Peribo-riwë no se movía más; estaba acomodado en su sitio en el cielo, y miraba para abajo. Suhirina-riwë soltó la flecha y le alcanzó el pecho a Peribo-riwë, justo en la tetilla. De la herida comenzaron a caer pequeñas gotas de sangre. Cada gota que tocaba el suelo se convertía en un yanomamo nuevo. Las gotas de sangre iban cayendo sobre el conuco en que se había transformado Purimayoma, y era ella, hecha tierra, quien hacía germinar a las personas. Peribo-riwë se fue quedando sin sangre, sin fuerza, y así fue bajando poco a poco. Luego se transformó en la luna de un cerro alto, y desde entonces alumbra por las noches con su luz blanca. Así fue cómo murió Peribo-riwë, y así fue como germinaron los primeros yanomami.

CENTROAMÉRICA

Aztecas

Al parecer procedían de un lugar llamado Aztatlán o Aztlán que, según algunos, significa "lugar de las garzas". Salieron de Aztlán y llegaron a las inmediaciones de San Juan del Río alrededor del año 1000 d.C. Acostumbraban encender el fuego nuevo cada 52 años, lo que dura de un ciclo según su calendario. Después del fuego nuevo de 1163, los aztecas –o mexicas, como también se les llamase trasladaron a Tula; no permanecían largas temporadas en el mismo lugar pues solían tener conflictos con los pueblos vecinos, gracias a su costumbre de hacer crueles sacrificios humanos y de raptar a las mujeres casadas. Después de casi dos siglos de peregrinación y enfrentamientos por la tierra, consiguieron dominar Cotaxtla, hasta Chalchiuhcueyehcan (Puerto Veracruz actualmente), así como Cuauhtochco. Para este momento, las grandes victorias alcanzadas por Moctezuma, el gran líder de los aztecas, le convirtieron en un soberano muy poderoso que recibía tributos de los pueblos que tenía bajo su dominio: oro, jade, turquesas, exuberantes plumas y cacao, eran algunos de ellos. Años más tarde, tras apoderarse de Oaxaca, el imperio Azteca comprendía casi todo Veracruz, Puebla, Hidalgo, México, Morelos, gran parte de Guerrero y las costas de Chiapas. Todo este territorio formó lo que fue la Nueva España, hoy la república mexicana. Formaban parte de éste, como señoríos independientes, Tlaxcala, Meztítlan, Yopitzingo y Tututépc. Entre los mexicas existían dos grandes grupos sociales, el pueblo y la nobleza. Esto determinaba los privilegios en cuanto a vivienda, tierras, alimentación, entre otras cosas. A los aztecas se les inculcaba desde niños el espíritu guerrero y todos los hombres de

la tribu formaban parte del ejército. En cuanto a la educación, eran permisivos hasta la edad de ocho años, cuando los niños y niñas recibían castigos físicos severos (aspirar chile, clavarse espinas o recibir latigazos) los padres se encargaban de educar a sus hijos y las madres a las hijas. El sacrificio era la piedra angular de la religión Azteca. Los dioses se habían sacrificado para ofrecerles el Sol y para que siguiera brillando había que nutrirlo de sangre humana. Su imperio dejó un importante legado a la humanidad: el calendario solar, el sistema de numeración y de escritura, los prodigios arquitectónicos como el Templo Mayor y los modelos escultóricos, forman parte de las grandes maravillas del mundo, sin olvidar el conocimiento de plantas y animales y sus aplicaciones para usos curativos.

EL NUEVO SOL

A un dios menor que los demás dioses estimaban poco y cuyo cuerpo estaba cubierto de costras y manchas, Nanahuatzin, le encargaron crear la luz para que las plantas pudieran crecer, los animales vivir y los humanos ver. Teccuciztecatl, dios de las conchas marinas, se ofreció a ayudarle para ganar favores de los demás dioses.

Cuatro días ayunaron para expiar sus pecados y para que su creación se viera libre de mala intención. Al cuarto día se prendió una fogata para las ofrendas. Teccuciztecatl ofreció conchas preciosas, pepitas de oro plumajes hermosos. Nanahuatzin ofreció lo único que tenía: hojas verdes, cañas teñidas de su sangre, costras de sus heridas. Los dioses se burlaron de sus ofrendas y de la pobre forma como iba vestido. Llegada la hora de la ceremonia, justo a media noche cuando no había duda de que la oscuridad reinaba en la tierra, se encendió una gran hoguera. Para crear la luz, los dioses tenían que sacrificarse en las llamas. Teccuciztecatl fue el primero en intentarlo y lo hizo cuatro veces, pero cada vez que sentía el calor de las llamas, retrocedía. Nanahuatzin, pequeño y humilde, esperó y se lanzó a la hoguera sin siquiera dudarlo. Al poco tiempo, salió de entre las llamas, convertido en sol y todos los dioses alabaron su valentía, mientras

Teccuciztecatl, avergonzado, se arrepentía de su cobardía. Teccuciztecatl se convirtió luego en luna y los dioses se rieron de aquel que quería ser sol y que ahora sólo alumbraba gracias a un reflejo que del propio sol recibía.

CUANDO LAS MONTAÑAS SE HICIERON DIOSES

El caballero tigre, el caballero águila y el capitán coyote regresaban con las tropas aztecas derrotadas. Jirones ensangrentados y penachos destrozados se reflejaban en los lagos y nadie celebraba la llegada de este ejército maltrecho. Los braseros estaban apagados, los sahumerios ceremoniales no se olían, los estándares no estaban y los Yopica, viejos maestros de la estrategia, esperaban a los combatientes para conocer la razón del fracaso. Meses atrás, este mismo ejército había salido hacia el sur a combatir contra los zapotecas. El pueblo pensaba en un asentamiento de conquista, pero sus huestes diezmadas, las macanas deshechas y los escudos ensangrentados no dejaban lugar a dudas sobre lo que realmente había ocurrido.

Los guerreros ocultaban sus rostros y las mujeres escondían a sus hijos para no dejarlos ver tal espectáculo de vergüenza. Sólo un guerrero tenía la frente en alto, a pesar de su penacho revuelto y el desencanto de sus compañeros. Sólo una mujer no lloraba, extasiada en la visión del altivo guerrero azteca, que pronto reconoció como su amado que creía muerto. Xochiquétzal, hermosa flor, corrió furiosa por la llanura tratando de huir del engaño del tlaxcalteca que le había hecho creer que su amado había muerto y se había casado con ella, una semana antes, gracias a sus sucias artimañas.

Separándose del grupo, el guerrero azteca ajustó su puño en la macana revestida de dientes de jabalí y salió en busca de la mujer, que huía del marido. No hicieron falta palabras, pues sabían que el tlaxcalteca defendería su mentira, mientras el azteca defendería el amor eterno que había prometido a la mujer. Mucho duró la pelea hasta que la macana hirió de muerte al tlaxcalteca. El guerrero salió a buscar a su amada y la encontró, pero la encontró mortalmente herida por su propia mano, pues no soportaba la vergüenza de haber pertenecido a otro hombre. El guerrero azteca se arrodilló a su lado y despidió a su Xochiquétzal cubriéndola de flores. En un momento se estremeció todo el Anáhuac, un relámpago retumbó sobre los lagos, la tierra tembló y cayeron rocas de fuego.

Donde antes era un valle, se levantaban ahora dos montañas nevadas; una en forma de mujer, la otra en semejando a un hombre arrodillado. Desde entonces, esos dos volcanes en el hermoso valle del Anáhuac, se llaman Iztaccihuatl, mujer dormida, y Popocatepetl, montaña que humea. El tlaxcalteca se convirtió también en montaña y lo llamaron Poyauteclat, señor crepuscular. Luego le pusieron Citlaltepetl, cerro de la estrella, el eterno vigilante de los dos amantes que ya nunca podrá separar.

Las montañas se hicieron dioses y recibían cantos y flores porque de ellas brotaba el agua cristalina que baña los campos; las mujeres que morían de amor, eran enterradas en las faldas de Iztaccihuatl.

LOS CINCO SOLES

La historia del mundo se debe a cinco Soles o a cinco Edades. Al principio dominaba la oscuridad. Sobre la tierra existían sólo ocelotes y gatos monteses que devoraban todo lo que encontraban a su paso. Ese tiempo fue conocido como el de los Gatos monteses; los pocos humanos que lograron salvarse se convirtieron en monos cuando este tiempo hubo concluido.

Dice la leyenda, en alguna de sus muchas versiones, que los Soles fueron nombrados por los elementos: Tierra, Fuego, Aire y Agua. Cada vez que aparecía un sol aparecía la vida, pero el fin de cada sol concluía con una catástrofe. El Sol Tierra, también llamada Edad de los Gigantes, concluyó con un gran terremoto. El Sol Fuego terminó con una lluvia de lava de la cual se salvaron quienes pudieron convertirse en aves, y las aves mismas. El Sol aire terminó con huracanes y el Sol Agua, con inundaciones. Del Sol Agua se salvaron los animales que vivían en el agua y dos humanos: Tata y Nena.

Un día, Sol Agua se les apareció y les dijo que iba a provocar de nuevo una gran inundación. Para salvarse debían esconderse en el árbol más grande que se encontraba en medio del bosque. Allí debían permanecer, en el agujero de la copa de dicho árbol, hasta que las aguas descendieran. "Cuando vuelvan a estar sobre la tierra, coman sólo lo necesario: una mazorca para cada uno".

Tata y Nena corrieron al bosque y subieron por las frondosas ramas de un árbol viejo y gigante. En la copa encontraron el agujero y allí pudieron acomodarse. La tierra empezó a inundarse y ellos presenciaron todo el desastre desde donde estaban. Al fin, después de mucho esperar, el caudal de las aguas empezó a descender y el hombre y la mujer bajaron. Empezaron, hambrientos, a buscar algo de comer y olvidando el consejo de Sol Agua, capturaron un enorme pez que nadaba en un arroyo, hicieron una fogata que levantó gran cantidad de humo hasta el cielo y Sol Agua, al sentir la humareda, bajó a inspeccionar. Cuando los vio comiendo pescado, tomó un palo y dio a cada uno un golpe en el cerebro, destrozando justo la parte que los hacía humanos. Así fue como los convirtió en perros. Con esto se terminó el Sol Agua.

El quinto Sol nació en Teotihuacán de la fusión de los cuatro soles anteriores (tierra, fuego, aire y agua). Es la Edad en la que vivimos. Unos afirman que es la edad del hambre y la confusión, pero otros, dicen que bajo el quinto Sol, el mundo sobrevive por la perfecta armonía entre los cuatro elementos. Los aztecas saben que la armonía sólo es posible si el hombre es consciente de su relación con esos cuatro elementos, si él mismo se encarga de mantener el equilibrio entre ellos.

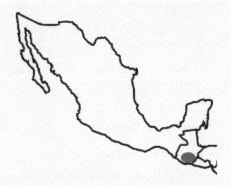

CAKCHIQUELES

Tras el colapso de la cultura Maya, los toltecas se mezclan con los sobrevivientes mayas y dan origen a los maya-toltecas, entre los cuales se encuentran los quiches y cakchiqueles, entre otros. Los cakchiqueles se asentaron en la región central ocupando el territorio que hoy corresponde al occidente del departamento de Guatemala, Sacatepequez, Chimaltenango, norte de Escuintla y norte de Sololá. Después de los mayas, los quiches y cakchiqueles fueron los pueblos más cultos en mesoamérica. En un principio, los cakchiqueles eran aliados de los quichés, pero a mediados del siglo XV los pueblos se separan y los cakchiqueles fundan Iximché --su capital-- en el año 1463, sobre el monte Ratzamut. Los cakchiqueles estaban bien organizados militarmente, por lo que conquistaron numerosas ciudades y alcanzaron a tener un gran poder. Tenían algunas nociones de ciencia adquiridas de los mayas. Así como los mayas tenían el calendario ritual, ellos contaban con el Cholquih, un calendario de doscientos sesenta días.

La obra literaria más importante de los cakchiqueles es el "Memorial de Sololá o Anales de los Cakchiqueles", donde se narran los *sucesos más relevantes: pestes, terremotos, la llegada de personajes importantes, etcétera. Esta obra fue encontrada por Juan de Gavarrete en 1844, cuando organizaba el archivo del convento de San Francisco. Más tarde se tradujo al español contribuyendo a propagar la vida y pensamiento de esta cultura ancestral.*

LA CREACIÓN DEL MUNDO

Nuestros padres y antepasados, quienes hicieron a los hombres, dijeron esto antes de que los cerros y los valles fueran habitados: Cuando solamente vivían conejos y pájaros en la tierra, los antepasados de Tulán, Gagavitz y Zactecauh, tomaron posesión de los cerros y planicies. Contaban que venimos del otro lado del mar, de la tierra de Tulán, donde fuimos concebidos y nacimos. De las cuatro direcciones vinieron los hombres de Tulán. Un Tulán está situado en donde sale el sol, otro está en el reino de los muertos, otro en donde se pone el sol, y el cuarto donde está dios. Así hubo cuatro lugares llamados Tulán. Nosotros venimos del situado en donde se pone el sol, que está al otro lado del mar. En ese Tulán fuimos concebidos y ahí nacimos.

Primero nació la piedra de obsidiana, por el inframundo del color verde y amarillo, y entonces el creador hizo al hombre para alimentar a la piedra de obsidiana. Cuando se hizo al hombre por primera vez, se hizo con madera y con hojas, pero solamente la tierra servía para su creación. Estos antepasados no hablaban y tampoco caminaban; les faltaba sangre y carne. Solamente después se encontró algo apropiado para hacer a los hombres. El cuervo y el coyote sabían que existía un lugar llamado Paxil en donde había maíz. El maíz estaba en los excrementos del coyote entonces los antepasados mataron al coyote y le abrieron el intestino para recuperar el maíz. El colibrí ayudó a buscar algo con qué amasar y consiguió sangre de serpiente para amasar el maíz con ella; así se formó la carne del hombre. Sabio el creador que hizo así a los primeros humanos. Según cuentan, al principio eran catorce hombres y catorce mujeres. Todos tenían cabeza, sabían hablar y sabían caminar. Estaban hechos de sangre y carne. Todos se casaron y uno de los hombres tenía dos esposas. Hombres y mujeres se unieron para tener hijos e hijas, que fueron los primeros hombres.

Así se creó el hombre y así fue como se hizo la piedra de obsidiana. Para ese momento, seguía cerrada la puerta de Tulán, de donde vinimos. Un murciélago cerraba la puerta de Tulán donde fuimos concebidos y donde nacimos, todavía en tiempos de oscuridad. Eso dijeron Gagavitz y Zactecauh, y lo que contaron no ha sido olvidado porque ellos eran los más grandes, y porque sus palabras dieron origen al inicio de los tiempos del hombre.

HUAVES

Es un pueblo que vive de la pesca debido al terreno arenoso y árido, de lluvias escasas y difícil riego, donde se asientan. Su territorio se extiende entre el océano pacífico y las lagunas del golfo de Tehuantepec, en la costa meridional del estado de Oaxaca. Los zapotecos usaron el término huaves para referirse a "gente que se pudre en la humedad". Son un pueblo vinculado desde siempre al curso de las aguas, pasando temporadas de sequía y otras de lluvia según la época del año. La dificultad para cultivar alimentos como el maíz, generó una relación interétnica con los zapotecos, quienes les proveían el grano a cambio de productos pesqueros, particularmente el camarón. En la mitología huave, el agua ocupa el lugar que en otras culturas mesoamericanas estuviera reservado al maíz. La palabra yow, agua, está presente en sus narraciones mitológicas, así como en muchos de sus rituales.

EL NDEAJ

Una vez, una viejita soltera se dio cuenta de que estaba embarazada. Al cabo de nueve meses nació un niño. Cuando lo acostaba en la cuna, sólo aparecía una bola de carne. Luego desaparecía, o volvía a convertirse en persona. Así se supo que no era un niño normal. Desde muy pequeño a Ndeaj le gustaba pescar. Salía y regresaba a su casa todo manchado de lodo, pero con abundante pescado para su madre. Era muy listo, diferente de todos los demás. Como nadie lo quería, jugaba solo, haciendo montoncitos de arena, cargando piedras, haciendo canales para que escurriera el agua. Era un niño feo, triste y solitario que se la pasaba en la orilla del mar desde muy temprano.

Un día llegó una carta de fuera, pidiendo que enviaran a quien le quedara buena la corona. Todos se midieron la corona, pero nadie quería ir. Temían que la gente de fuera comiera niños. Por fin mandaron traer a Ndeaj, a quien la corona le quedó perfecta, como si la hubieran hecho a su medida. La mamá estaba muy triste, no quería dejarlo ir.

Ndeaj se fue y nunca regresó. Pero antes de partir, dijo a su madre:

—Dejaré algo para que nunca me olviden.

Y cuando Ndeaj se alejó del pueblo, sus charcos se convirtieron en lagunas; sus canales en arrecifes; sus piedras en el Cerro de Huilotepec y el de Monopostioc que está en medio del mar. El Ndeaj se arrancó sus bigotes y al arrojarlos al mar se convirtieron en camarones. Sembró uno de sus dientes y de allí brotó la sal. Así, con esas dos cosas, se mantienen los huaves.

Los extranjeros se lo llevaron lejos, pero él no sabía español, entonces no les podía hablar. Fue a la escuela, pero no aprendió nada porque sólo le interesaba trazar tierra y hacer casitas. De noche construía casitas hasta tener el gran pueblo de Tenochtitlán. Los de la ciudad hicieron una caja forrada de plata, lo metieron dentro y lo arrojaron al mar. Un barco recuperó el cofre de las aguas y se encontró con un muchachito desnudo. Se llevaron al Ndeaj a la otra orilla, y desde allí sigue jugando y haciendo maravillas.

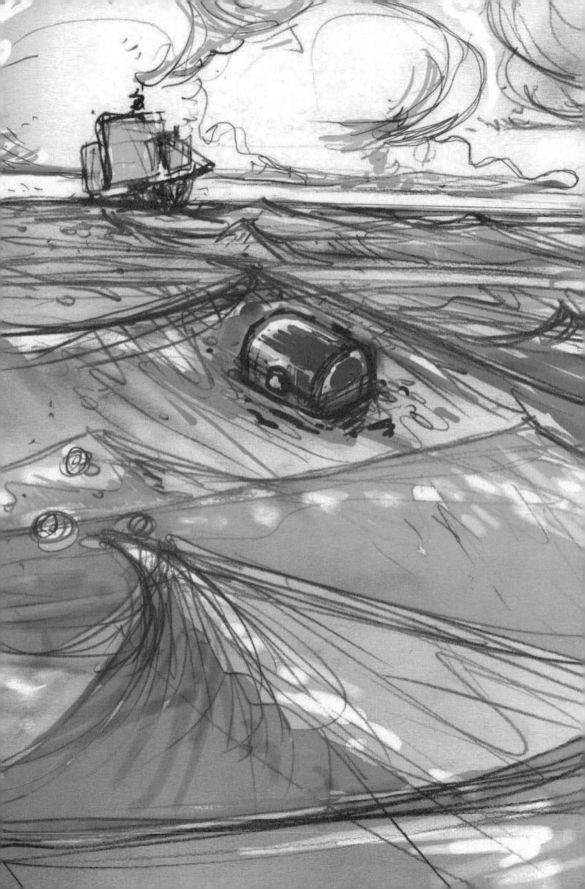

KILIWAS

En los municipios de Tecate, Ensenada y Mexicali, en la zona de Baja California, viven los Kiliwas, cuyo nombre significa "hombre cazador". Principalmente, viven de la agricultura y la ganadería y, en menor medida, de las artesanías. Se estima que hay alrededor de unos cincuenta kiliwas, que hablen la lengua, en la actualidad.

EL PERRO Y EL COYOTE

Cuando se encontraron el perro y el coyote les dio gusto saludarse, ya que eran primos, y comenzaron a conversar.

–La vida en casa de mi amo es difícil –decía el perro– tú en cambio vives en el monte y eres libre. Eso es vida.

Pero el coyote llevaba días sin comer.

–Sí, soy muy feliz. En el monte no me falta nada: hay agua, comida, siempre puedes escoger qué quieres de cena, pero cuando te cansas, descansas.

El perro sentía una gran envidia.

–¡Qué bonito sería vivir así! –dijo el perro.

–Tranquilo amigo –dijo el coyote– yo te ayudaré. Vamos a cambiar de pieles.

Cambiaron entonces de pieles y el perro se fue al monte. ¡La vida era durísima! No se podía dormir porque había que estar pendiente de los animales grandes a cada momento, además comer era imposible, pues a veces pasaba el día y no se conseguía nada. El perro, desengañado, volvió al rancho. No encontró al coyote pero sí vio su piel y se la puso. Ladró para saludar a su amo y entró a la casa. Cuando su amo lo vio lo cogió a golpes con un palo mientras le gritaba:

—¡Lárgate desgraciado! ¡Ladrón!

—¿Por qué me pegas? Soy tu perro —preguntó el perro.

—¡Eres el perro que me engañó y me pagó comiéndose las gallinas, bebiéndose la leche y acabando con las chivas!

Entre tanto el coyote se vistió con su propia piel y se largó al monte, mientras el perro recibía más y más azotes.

MAYAS

Hace aproximadamente 3000 años los mayas comenzaron a edificar arquitectura ceremonial. Construyeron ciudades: Tikal, Palenque, Copán y Calakmul, así como Dos Pilas, Uaxactún, Altún Ha y muchos otros lugares. Edificaron palacios, pirámides, templos religiosos y plataformas ceremoniales que aún hoy siguen siendo un prodigio arquitectónico y, por qué no, un misterio, pues se cree que los mayas carecían de la tecnología para levantar dichas construcciones. El arte del período clásico se destaca por su complejidad y hermosura, por su expresividad en la forma de representar a la figura humana, comparable sólo con el arte hallado por arqueólogos en los pueblos antiguos de Europa. Su economía se basó en la agricultura, comerciaban principalmente con cacao, sal y obsidiana. Practicaban el juego de la pelota, un acto ritual en donde la pelota representaba los contrarios: la luz y la oscuridad, el bien y el mal, el odio y el amor. Desarrollaron un elaborado sistema de escritura y dejaron un importante legado literario. Entre las obras más destacadas de la tradición maya y sus sucesores se cuentan el Chilam Balam, el Popol vuh, el Rabinal Achí y los Anales de los Cakchiqueles.

LA TRISTEZA DEL MAYA

Al ver al hombre tan triste, todos los animales se reunieron a su alrededor y le dijeron que no querían verlo así.

—Pídenos cualquier cosa y te la daremos —le dijeron.

El hombre, al verlos a todos reunidos, dejó escapar un suspiro y les pidió la felicidad.

—¿Qué cosa es la felicidad? No lo sabemos y por eso no podemos dártela, pídenos cosas que podamos darte —dijeron los animales.

Y así fue como el hombre empezó a pedir. Al rogar por buena vista, le fue concedida la vista del águila; al pedir fuerza, le fue dada la del jaguar; quería no cansarse fácilmente cuando caminara, y el venado le ofreció sus piernas; quería adivinar la llegada de las lluvias, y el ruiseñor prometió avisarle con su canto; quiso ser astuto y el zorro se ofreció enseñarle a serlo; quiso poder subir a los árboles, y la ardilla le dio sus uñas; quiso conocer las plantas medicinales, y la serpiente empezó a mostrárselas una a una. Todo lo que quiso, los animales se lo dieron; luego de toda una jornada, el hombre se alejó del grupo.

Dijo entonces el búho:

—Ahora el hombre tiene las cosas que quería; sabe más y podrá hacer más, pero nunca dejará de estar triste.

Al oír las palabras del búho, la gallineta empezó a cacarear:

—¡Pobre animal! ¡Pobre animal!

EL JAGUAR DE DÍA Y EL JAGUAR DE LA NOCHE

Hace muchísimo tiempo, cuando el mundo era nuevo, los jaguares del sol se devoraron unos a otros. Los feroces jaguares del amanecer habitaban en Oriente, que es de donde viene el Padre Sol. Los jaguares del anochecer eran más numerosos y vivían en el Poniente, que es hacia donde va el Padre Sol. Los dioses jaguares eran todos enormes.

Como los jaguares del amanecer no querían ver a los del anochecer en el cielo, lucharon contra ellos pata a pata, garra a garra, ojo por ojo y diente por diente. A medio camino de sus casas se mataron unos a otros. Los jaguares del amanecer esperaron a los del anochecer y uno a uno los fueron matando. Fue así como los jaguares del amanecer vencieron a los del anochecer. Por eso, cuando los jaguares del sol aparecen por el Oriente y cuando se esconden por el poniente, el cielo se tiñe de rojo con la sangre que derramaron.

EL ESPÍRITU DEL MAÍZ

Hubo una época de prosperidad entre los hombres y como los dioses no recibían alabanzas, sacrificios ni oraciones, decidieron esconder el espíritu del maíz para que los hombres volvieran a pensar en ellos. Así es que escondieron al espíritu del maíz bajo una roca y las cosechas sobre la tierra disminuyeron tanto que los hombres sólo se alimentaban de semillas y frutillos silvestres. Las plazas estaban vacías, los niños lloraban de hambre y las madres se sumían día a día en una desesperación cada vez más profunda.

Los pájaros volaban por todas partes en busca del espíritu del maíz. Por fin, una calurosa mañana, lo encontraron bajo la roca que habían escogido los dioses, pero esta era muy fuerte para sus picos. Por allí pasaba justo una hormiga y uno de los pájaros amenazó con comérsela. "Cometerías un grave error si me comes. Yo sé cómo pueden rescatar al espíritu del maíz. Mañana temprano tendrás qué comer; sé paciente y no gastes tu oportunidad comiendo algo tan pequeño como yo". El pájaro no entendía cómo un ser tan pequeño como la hormiga iba a ser capaz de sacar al espíritu si él y toda su bandada no habían podido. Sin embargo, al día siguiente, cuando llegaron a la roca, vieron que estaba rodeada de maíz.

Los dioses, quienes presenciaron también aquel portento, se apresuraron a repartir los granos entre los humanos, recordándoles que cada vez que comieran maíz debían agradecer a los dioses porque la próxima vez que el espíritu desapareciera, no era seguro que regresará. A la hormiga le preguntaron cómo había podido hacer semejante hazaña y ella respondió: "Todas las hormigas vinimos aquí de noche, y por los orificios sacamos todo el maíz que pudimos, grano por grano". Los dioses no habían pedido la ayuda de las hormigas entrometidas, y como se vieron obligados a cambiar de planes, las castigaron amarrándoles un hilo a la cintura y no dejándolas salir de su hormiguero nunca más. Las hormigas, más listas que los propios dioses, empezaron a roer el hilo, se desataron y salieron por millones de agujeros, esparciéndose por toda la tierra. Pero si te acercas lo suficiente, verás el hilo que aún lleva la hormiga atada a su talle. Los humanos, por su parte, empezaron a respetar a las hormigas y desde aquel día se dice por ahí que "pájaro inteligente no come hormiga".

LOS PRIMEROS ANIMALES DOMÉSTICOS

Existió una vez un dios, muy joven para cazar, que vivía con su madre. A veces iba a casa de sus hermanos, quienes lo invitaban a comer, pero le daban tan poco y tan mal lo trataban que pasaba mucha hambre y era desgraciado. Una de esas noches, mientras comían carne, lo obligaron a sentarse en el piso y le tiraron los huesos roídos; reían a carcajadas mientras le tiraban más huesos. El joven dios guardó los huesos y agradeció a sus hermanos.

Al llegar a casa se dispuso a sembrar los huesos en el jardín y la madre le dijo que de huesos muertos nada nacía. El se empeñó tanto que la madre dejó que los sembrara, pensando que así se distraería. El joven dios empezó sembrando el más grande hasta terminar con el más pequeño, en un estricto orden. Todas las mañanas iba al jardín y al tercer día vio excitado como se levantaba sobre la tierra algo que parecía un lomo. La madre, pensando que la lluvia había removido los huesos, no le puso atención, pero los lomos sobresalían tanto después de un tiempo que la madre tuvo que admitir que se trataba de un

prodigio. Una mañana había ya un rebaño pastando en el jardín y continuaban brotando de la tierra ovejas, vacas, cerdos y cabras.

Para celebrar, madre e hijo mataron y cocinaron un novillo y la madre mandó a sus otros hijos los huesos que quedaron, para ver como reaccionaban. Los cuatro hermanos del joven dios, al recibir los huesos, no soportaron que su joven hermano se diera tales banquetes y fueron a casa de su madre a ver que sucedía. Se encontraron con mucho ganado y una gran cerca de madera. Un hermano le dijo a otro que se convirtiera en pájaro carpintero y derrumbara la cerca para que los animales escaparan. Así hizo el otro, pero por más que picoteaba, la cerca no se caía. Otro hermano propuso que se convirtieran todos en topos y que derrumbaran los postes de la cerca, desde abajo. Así hicieron y algunos animales lograron escapar, pero el joven dios acudió a su jardín al escuchar el escándalo que se había formado y los hermanos salieron asustados, pues no se querían enfrentar al joven dios, ahora rico y poderoso.

Los cerdos que escaparon se convirtieron en jabalíes, las vacas en búfalos salvajes, las ovejas y las cabras en venados. Los que se quedaron en el cercado son los ancestros de nuestros animales domésticos.

MIXTECOS

Los mixtecos habitaban en la zona de Oaxaca y, en menor medida, en los estados de Puebla y Guerrero. Geográficamente, el territorio habitado por este pueblo suele dividirse en Mixteca Baja y Mixteca Alta. Ya en la antigüedad alcanzan un alto nivel de desarrollo en Yucuñudahui, Tilantongo, Coixtlahuaca, Tlaxiaco, Yanhuitlán y Tututepec. Socialmente estaban divididos en clases, en lo más alto de la pirámide se encontraban los nobles y en la base los esclavos. Para sostener la línea de parentesco tenían un complejo orden que establecía las alianzas y los matrimonios. También usaban el calendario ritual y practicaban el juego de pelota.

EL CONEJO Y EL COYOTE

Un conejo entraba cada noche a comer fríjol del frijolar de un viejito y hacía muchos destrozos. "¿Qué animal estará haciendo esto?" se preguntaba el pobre viejo. Un día se decidió a atrapar al ladrón y puso un espantapájaros de piedra, pero no logró espantar al animal. Luego, probó con un espantapájaros de trapo y tampoco. El animal seguía entrando a comerse los frijoles cada noche. Al fin, puso un mono de cera de Campeche. "Ahora sí que lo voy a atrapar", se dijo el mono satisfecho. En la noche, cuando llegó el conejo a cenar, ahí estaba el mono en la puerta.

—Hágase a un lado que vengo a comer —le dijo el conejo molesto. Pero el mono seguía como si nada. Entonces el conejo lo empujó para poder pasar y se le quedó una mano pegada a la cera.

—Suélteme, mono abusivo. ¿Por qué me molesta si todos los días vengo aquí?

El mono no contestaba. El conejo le dio una cachetada con la otra mano y también se le quedó pegada.

—¡Suélteme o lo agarro a patadas, mono grosero!

Lo pateó y se le quedó pegada la pata. Le dio otra patada y también la otra pata se le quedó pegada. Allí estaba el conejo, todo pegado al mono y rojo de la furia:

—¡Suélteme o no sabe lo que le puede pasar!

Nada le contestó el mono. El conejo le dio un coletazo y la cola se le pegó a la cera.

—¿Quién se cree que es usted? ¡Si yo vengo a cenar aquí todos los días!

Entonces le mandó un mordisco y se le quedó pegado el hocico. Le dio con las orejas y también las orejas se le pegaron a la cera. A la mañana siguiente lo encontró el viejito, todo pegoteado y lastimado como estaba. Al verlo, le pegó un grito al conejo que le puso la piel de gallina. Luego se lo llevó a su casa y le dijo a su mujer:

—Esta noche cenamos conejo. Esta bien gordo, aquí lo traigo.

La mujer se puso muy contenta y amarró al conejo en el patio de atrás de la casa. Ahí estaba amarrado cuando vio pasar un coyote:

—¡Pst! Hermano, venga para acá. Mire que desgracia la mía, que quieren que me case con la hija de este anciano pero yo no puedo. ¿No ve que ella es muy grande para mí? ¿Por qué no mejor se casa usted con ella?

—¿Y está bonita la muchacha?

—Linda —respondió el conejo.

—Pero lo quieren es a usted, no a mí.

—Mejor casada queda la muchacha con un coyote de esbelta figura, que con un enano crápula como yo —dijo el conejo.

—¿Usted cree, compadre? —preguntó el coyote, súbitamente orgulloso de su magra figura.

—¡Pero claro! Desáteme pues y cambiamos de lugar, ya verá como va a estar de contento con la muchacha.

Cuando la mujer salió a buscar y al conejo, quedó muy sorprendida al encontrar a un coyote en su lugar.

—Encantado señora —dijo el coyote—yo soy el que se va a casar con su hija.

—¡Sinvergüenza! —exclamó la señora furibunda y se puso a darle golpes con un palo.

Cuando logró desatarse, el coyote, todo magullado, salió a buscar al conejo, pero ya nunca lo pudo encontrar.

EL AMOR DE ITA ANDEHUI

En un lugar de Tilantongo, entre árboles y flores, junto a un arroyo de aguas claras, había una casita de madera y paja en la que vivía Ita Andehui, una joven hermosa y de espíritu noble. Una tarde, mientras contemplaba la puesta de sol, vio venir a Anon Nau, joven valiente y gallardo, con un tigre que acababa de cazar colgado al hombro. Cuando recibió a Ita Andehui, el muchacho bajó el tigre y lo puso a sus pies. Al ver la ofrenda, Ita Andehui decidió hacer con la piel del animal un traje de Caballero Águila, que el joven podría usar llegado el momento apropiado.

Así nació el amor entre estos dos jóvenes, que al poco tiempo se casaron. Sin embargo, poco tiempo les duró la dicha, pues Anon Nau fue llamado a la guerra. Durante la prolongada ausencia del joven guerrero nació Mallinali. Pero ni siquiera la llegada del hijo tan añorado logró menguar la tristeza de Ita Andehui. Una tarde, la muchacha subió al Cahuatnó, Peña Gris, junto con su hijo. Y hasta lo más alto de la peña les alcanzó la mala noticia de que el ejército de Tilantongo había tenido algunas bajas. Ita Andehui cayó de rodillas al suelo, doblada de dolor, y empezó a arrojar sangre por la boca. Luego rodó por la tierra hasta alcanzar el borde del abismo y cayó sin que nadie pudiera evitarlo. Días más tarde, Anon Nau regresó de la guerra en busca de su amada. Al conocer el destino de Ita Andehui fue tanto su dolor, que lamentó no haber muerto en la guerra. Sin atender razones, subió a lo más alto de la Peña Gris y se arrojó al vacío.

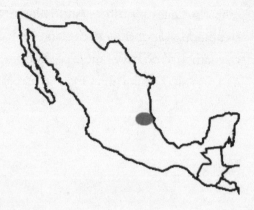

Nahuas

Habitan en el estado de Guerrero. La lengua náhuatl es quizá la primera lengua indígena de México. Viven del comercio de frutas y verduras, entre las que se destacan el maíz, el fríjol, el cacao, el chile, el jitomate y las hortalizas. Producen artesanía, especialmente textiles, cerámica y cestería, que fabrican con palma y comercian en Puebla y Tehuacán. Poseen un importante conocimiento de la medicina tradicional. Realizan ofrendas a la lluvia y rituales en torno a la fertilidad de la tierra.

LA LLEGADA DE LOS PRIMEROS HOMBRES AL MUNDO

Cuando el Señor Tlalocán dio la orden de que todas las cosas brotaran sobre la Tierra, así se hizo. Las montañas se pintaron de verde con las yerbas tiernas, y todos los animales aparecieron.

–¿Quién va a disfrutar de tanta riqueza? ¿Quién podrá utilizarla? –se preguntaba el Señor Tlalocán.

Entonces decidió crear dos seres con más entendimiento que el resto de los animales. Quería que el hombre mandara sobre lo que ya estaba y utilizara el mundo. La mujer se ocuparía de hacer el nido y le ayudaría. El Señor Tlalocán decidió esto y los dejó ahí. Luego se puso a espiarlos pero nada ocurría. Andaban como sombras y ninguno se acercaba al otro.

–¿Qué haré? –se preguntaba.

Intentó varias trampas para obligarlos a acercarse sin ningún resultado. Por fin un día dio con la solución:

Juntó un puñado de piojos y puso una parte en la cabeza del hombre y la otra en la de la mujer. Luego se sentó a esperar. Y como una persona no sabe despiojarse sola, el hombre y la mujer, después de rascarse y rascarse, se comenzaron a espulgar el uno al otro. Largas horas pasaban hurgándose la cabeza entre sí. Y al fin comenzaron a hablar y sus conversaciones eran cada vez más de corazón, al fin un día se unieron y de ellos nacimos todos los que estamos en esta tierra.

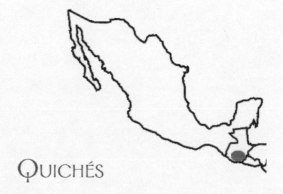

Quichés

Tras el colapso de la cultura Maya, los toltecas se mezclan con los sobrevivientes mayas y dan origen a los maya-toltecas, entre los cuales se encuentran los quiches y cakchiqueles, entre otros. Los quiches se asentaron en el departamento de Quiché, Totnicapán, oriente de Quetzaltenango, norte de Retalhuleo y norte de Suchitepequez.

Después de la decadencia de los mayas, los quichés se constituyeron, junto con los cakchiqueles, como el pueblo más culto de la región. Heredaron muchos de los principios artísticos, astronómicos y científicos del imperio Maya y pasaron a la historia por el Popol Vuh, una pieza literaria aún valorada como testimonio de la cosmogonía de estos pueblos mesoamericanos.

LA CREACIÓN DEL MUNDO

Aún no había gente ni animales ni pájaros ni nada. Sólo había el cielo y el mar quieto. En medio del silencio estaba Tepeu Gucumatz, al mismo tiempo la constructora y el creador, padre y madre, deslumbrante, cubierto de plumas verdes y azules. Así mismo existía la deidad del cielo, que con otro nombre se llama Huracán. Huracán fue a reunirse con Tepeu Gucumatz para hablar con él sobre cómo debían ser los dioses que se proponían crear. Pensaron que debían hacer la comida para que la gente pudiera alimentarse. Formaron primero la tierra, y poco a poco fueron apareciendo los montes, los valles, los bosques y las costas. Después pusieron animales en montes y montañas, pájaros, leones, tigres y culebras en los bejucos. Cada animal se creaba para servir de guardián. Y a cada guardián le fue dada una casa, a los pájaros se les dieron los nidos para habitar en ellos en árboles y bejucos. Así, cada animal sabiendo lo que debía hacer, fue eligiendo su guarida o su nido. Una vez creadas las bestias y los pájaros, el creador les pidió que gritaran para entenderse entre ellos. Les dijo que no se quedaran callados. Entonces Huracán, Chipi—Caculhá,

Raxa—Caculhá, el Corazón del Cielo y de la Tierra y Gucumatz, que ya estaban todos ahí reunidos, les pidieron a los animales que dijeran sus nombres, los nombres de sus creadores. Pero los animales no pudieron hablar. Como castigo, porque sólo les salían graznidos, chillidos, gorjeos y cacareos, su carne fue destinada a ser sacrificada y comida, y solamente para esto serían matados todos los animales que viven en la tierra. Los dioses se quedaron pensando cómo inventar una criatura que los llamase por su nombre y así recordara que fueron ellos y no otros sus creadores. Así es que crearon un ser grande que se movía con el impulso de los dioses. El problema que tenía este primer hombre, es que no sentía nada y al ponerlo en el agua se deshacía como un muñeco de arcilla. Decidieron pues, ir a hablar con Ixpiyacoc e Ixmucané, "dios solar tlacuache" y "dios solar coyote". Estos llamaron a más dioses y todos reunidos pensaron que les gustaría tener muñecos de madera que hablaran, así como la gente. Estos muñecos hablaban y podían tener hijos, pero no tenían sentimientos ni sabían que eran hijos del edificador y manifestador. Hablaban con boca enjuta. No tenían pies ni manos, ni venas, ni intestino, ni sangre. "Corazón del Cielo" los condenó a que desaparecieran de la tierra por causa de la muerte, y llegó una gran inundación en la que desaparecieron todos los hombres de madera. Tigres, conejos y águilas se comieron a estos hombres de madera, masticaron su carne y les sacaron las pepitas de los ojos, como castigo por habérselos comido. De los muñecos de madera, sólo los micos subsisten en los bosques y guatales. Luego los dioses decidieron probar a hacer los hombres con la mazorca amarilla y la mazorca blanca. Desgranaron y molieron la mazorca amarilla y la blanca y con ellas hicieron nueve bebidas hechiceras. Esto hizo Tepeu Gucumatz. Luego se pusieron a pensar cómo hacer a nuestros primeros padres y a nuestras primeras madres. La carne de los primeros hombres se hizo pues de maíz molido.

La primera gente se llamó Balam-Quitzé, la segunda Balam-Acab, la tercera Mahucutah, y la cuarta Iqui Balam. Estos fueron los nombres de los primeros. Los dioses comprendieron su inteligencia al ver que veían y comprendían todo cuanto hay bajo el cielo. Grande era su sabiduría, que transmitieron a los valles, el mar y las costas. Cuando vieron todo lo que había a su alrededor, se dieron vuelta y dieron las gracias a sus creadores. No se cansaban de agradecerles, dieron las gracias tres y cuatro veces, pues estaban dichosos de ver todo lo que habían puesto y creado en la tierra. "Nos han dado la carne, la boca, el aliento, la tierra; nos han dado la capacidad de ver todo lo grande y lo pequeño, y por eso somos dichosos y estamos agradecidos". Pero a los dioses no les gustó que pudieran ver "todo lo grande y lo pequeño". "Creerán que pueden ser tan poderosos como nosotros", dijeron. Y decidieron entonces empañarles la vista, para que sólo pudieran ver lo que se hallaba cerca.

Fue durante un sueño, que los primeros hombres recibieron a las hermosas mujeres que habrían de ser sus compañeras. Estos fueron pues sus nombres: Cahá-Paluna fue el nombre de la mujer de Balam-Quitzé; Chomiha fue el nombre de la mujer de Balam-Acab; Tzununihá, fue el nombre de la mujer de Mahucutá; y Caquixahá fue el nombre de la mujer de Iqui-Balam. Ellos engendraron las gentes de las grandes y pequeñas tribus. Este fue pues, nuestro origen, el de la gente quiché, como descendientes de ellos.

EL CABALLO DE SIETE COLORES

La tierra de don Isidro era tan fértil, que muchos acudían a recibir sus consejos y a aprender de los cuidados que le profesaba. Una noche, don Isidro y sus hijos escucharon mucho ruido en sus tierras y salieron a ver de qué se trataba. Las hortalizas estaban destrozadas bajo las patas de varios caballos. Caballos de siete colores. Les dispararon pero las balas no les hacían ningún daño y como llegaron, se fueron.

A la mañana siguiente, volvieron a sembrar. Al hijo mayor le fue encomendada la labor de cuidarla. Pero Juan, que así lo llamaban, se quedó dormido y la huerta volvió a amanecer destrozada. Fue entonces al hijo del medio a quien Isidro encomendó el cuidado de la huerta que habían vuelto a sembrar. Carlos, que así le decían, también se quedó dormido. La huerta volvió a aparecer deshecha. Era ahora el turno de José, el hijo menor, que rellenó su hamaca con hojas de ortiga y no pudo dormirse durante la noche; todo el cuerpo le rascaba. En eso estaba, rascándose por todas partes, cuando aparecieron los caballos. José lanzó una soga al más bello de todos y los demás salieron asustados mientras el caballo se iba calmando poco a poco porque la soga tenía una cruz de ochote. El caballo le prometió a José cumplirle cualquier deseo con tal de que lo dejara libre, pero José se negó. El caballo prometió entonces componer las verduras de la huerta y ayudarle en caso de peligro. José titubeó, pero terminó por aceptar el trato si el caballo arreglaba el huerto antes de ser soltado. Tras decir unas palabras mágicas, las más hermosas y apetitosas verduras crecieron en todo el huerto. José dejó libre al caballo que desapareció de inmediato.

Los hermanos, llenos de envidia, se fueron de la casa y el padre cayó en tal tristeza que José no tuvo más remedio que ir a buscarlos. Cuando Carlos y Juan lo vieron, lo ataron y lo echaron a un pozo profundo, pero José se acordó del caballo y el caballo debió haberse acordado de José en el mismo instante, pues llegó hasta donde él y lo salvó. Los hermanos, al verlo libre, decidieron hacerlo su sirviente.

Un día, mientras José preparaba la comida, sus hermanos participaban en el concurso real para ganar la mano de la mujer más hermosa de la aldea. José también sabía del concurso, pero quiso que sus hermanos fueran primero. La prueba consistía en ganar la argolla de oro en una carrera de cintas a caballo. José llamó al caballo salvador y fue el último concursante, el único que logró ganar la argolla, y con ella la mano de la mujer más hermosa que hubieran visto sus ojos. Al final, convenció a sus hermanos de regresar junto a su padre.

¿Y el caballo de los Siete Colores? Se fue como vino.

Taínos

El pueblo taíno o arawak se asentó en las Antillas Mayores, concentrándose en la Isla Española, hoy Haití y República Dominicana. En menor medida, se asentaron también en Cuba. Entre los taínos, como entre los muiscas de Colombia, había poderosos caciques organizados en confederaciones, con distintos rangos de poder. Ellos y sus parientes gozaban de ciertos privilegios. Los familiares del cacique taíno, por ejemplo, vivían en casas más amplias y confortables que las del común de la gente.

La cercanía con la península de Yucatán dio lugar a que los taínos adoptaran algunos elementos de la cultura mesoamericana, como el juego de pelota. Las decisiones que afectaban a la comunidad eran tomadas por los caciques en un consejo, donde el jefe de jefes se limitaba a comunicar la voluntas de los dioses. Como en la mayoría de comunidades indígenas del sur y el caribe, no existía la propiedad privada, la tierra era un bien común. Los privilegios de los grandes caciques consistían en tener derecho a la poligamia y gozar de una vivienda más confortable. Los taínos vivían atemorizados por los caribes, pueblo antropófago que atacaba las aldeas y se llevaba a los niños. Eran pacíficos y carecían de desarrollo militar. A la llega de los españoles reaccionaron de forma muy positiva, pues vieron en ellos a unos posibles aliados en su lucha contra los caribes.

EL AMOR DEL PÁJARO HORNERO

Una mañana, el joven Guarabó iba en dirección a la parcela de su familia para ayudar a su padre con la cosecha de yuca, cuando vio a la mujer más hermosa del mundo. Desde ese día, Guarabó no volvió a ser el mismo. Pasaba horas enteras tumbado en la hamaca, meciéndose y cantando como si hubiera sucumbido a un extraño hechizo. Su familia lo contemplaba con extrañeza, sin comprender qué ocultas razones lo habrían llevado a encerrarse en ese silencio contemplativo a lo largo de los días. Una noche de luna llena, Guarabó vio con claridad que tenía que acercarse a la mujer de sus sueños. Al día siguiente, salió de madrugada en dirección a la aldea. A todo el que se encontraba en el camino, Guarabó le preguntaba por la muchacha. A eso del mediodía supo que la muchacha era una de las hijas del gran cacique. Solo al caer la tarde supo que su nombre era Pejibai; ya entrada la noche encontró quien le dijera que el cacique no dejaba salir a sus hijas de la casa que les había construido, a menos que él las acompañara. Guarabó sintió una gran tristeza, pues él no era más que un muchacho ordinario que nada podía ofrecer a una hija del cacique. Otra vez pasó la noche en vela tumbado en su hamaca,

pero ya no cantando, sino preguntándose cómo llegar hasta Peijibai sin ser capturado por los hombres del gran cacique. Como tantas otras noches, sucumbió al delirio de las palabras de amor que le diría cuando la tuviera frente a sus ojos. Así pasaron los días. Y al fin una mañana, Guarabó caminó con paso taciturno hacia la casa de Peijibai. Era un día de fiesta, así que todos los aldeanos contemplaban el juego de pelota. Por eso logró acercarse a la muchacha, que tomaba el sol mientras se mecía en la hamaca. Guarabó la observó, oculto entre las ramas de los árboles que cercaban la casa. La muchacha parecía adormecida por el bochorno de la tarde. Guarabó, sin pensarlo, se puso a cantar la canción que en sus noches de insomnio siempre le cantaba a la muchacha. Para su propio asombro, vio cómo su voz sonaba idéntica a la del pájaro hornero. La muchacha pareció entonces emocionada con ese canto lleno de amor, pues se levantó de la hamaca y con la cara iluminada elevaba los ojos al cielo. Guarabó la observaba sin dejar de cantar, hasta que vio como la muchacha, conmovida, se acercó a un pájaro hornero que casualmente pasaba por su lado, lo tomó entre sus manos y lo apretó contra su pecho desnudo con los ojos bañados en lágrimas. Guarabó se quedó pasmado, sin saber qué hacer. Sin embargo, estuvo mucho más desconcertado cuando a su casa llegaron los rumores de que Peijibai, una de las hijas del gran cacique, estaba perdidamente enamorada de un pájaro hornero que le había hablado por su nombre y, con las palabras más dulces, le había jurado amor eterno.

Zapotecas

La cultura zapoteca se desarrolla fundamentalmente en los valles centrales del estado de Oaxaca. Su principal actividad económica fue la agricultura, para la que crearon un avanzado sistema de riego. Su más destacado logro fue el invento de un sistema de escritura que perduró en Mesoamérica durante cerca de mil años. Desarrollaron las artes y la arquitectura y usaron la escritura para llevar un registro de los sucesos más relevantes de su comunidad. Eran una sociedad fuertemente estratificada que rendía culto a sus muertos y hacía sacrificios como parte de sus ceremonias religiosas. Al igual que en otras culturas mesoamericanas, el juego de la pelota tenía un lugar importante en sus rituales.

EL COYOTE Y EL CONEJO

El cuarto viernes de Cuaresma, el Coyote fue a la fiesta de Chihu-itán, a pasear y a comprar dulces, juguetes y recuerdos del santu-ario. Compró pan, plátanos y dulce de coyolitos de los que venden en la plaza en esas fechas. Cogió todo y lo metió en su red para llevárselo a sus crías. Mientras tanto, el Conejo había estado espiando al Coyote todo ese tiempo, con el estómago vacío y planean-do cómo le iba a quitar los manjares. No se le ocurría nada y estaba ansioso porque el Coyote ya se iba alejando. Ahí fue cuando vio, en la mitad de la nada, un zapato tirado. Y como el Conejo siempre ha sido tan rápido de pensamiento, agarró el zapato y lo tiró por donde iba a pasar el Coyote, luego se escondió entre unos matorrales. Cuando el Coyote lo vio, pensó: "Tan bonito el zapato, lástima que le falta el compañero". Y siguió caminando. Entonces el Conejo lo recogió, tomó un atajo y cortando camino por el monte lo fue a tirar más adelante. Al ver otro zapato, el Coyote pensó: "Este debe ser el compañero del que vi más atrás. Mejor me devuelvo y lo recojo, para completar el par".

Escondió la compra entre las matas y se devolvió rapidito, tal como se lo había imaginado el Conejo. El pobre Coyote buscaba y buscaba sin encontrar nada. ¿Cómo lo iba a encontrar si era el mismo? Mientras tanto el Conejo se robó la compra del Coyote y muy contento, se fue silbando a compartirla con Doña Coneja y sus crías.

LAS FLORES DEL LAGO
OAXACA

El jefe de los guerreros zapotecos era conocido por su valentía, inteligencia y aplomo. Las muchachas de toda la región suspiraban por el aguerrido y apuesto joven. Pero el príncipe no tenía ojos para ninguna, e incluso las más hermosas le resultaban indiferentes. La fama del príncipe zapoteca era tal, que ascendió hasta el cielo, en donde la más brillante de todas las estrellas enloqueció de amor por el guerrero. Y ocurrió que un día la hermosa estrella decidió bajar a la tierra para ver al príncipe de cerca. Esperó a que nadie la viera y se fugó mientras sus hermanas dormían. Tomando la forma de una bellísima doncella, esperó pacientemente al borde de un camino frecuentado por el guerrero. Así fue como un día volviendo de cazar, encontró el príncipe a la mujer más hermosa que hubiera visto jamás. La estrella, ataviada como una campesina, cautivó el corazón del guerrero. Cruzaron algunas palabras. El príncipe siguió el recorrido hasta su casa, pero esa noche no pudo dormir pensando en la estrella. A primera hora de la mañana, regresó al lugar donde la había visto la noche anterior y al encontrarla le declaró amor eterno. No hubo una sola persona en el reino que se opusiera a la boda. Sin importarles cuál pudiera ser el origen de la muchacha, todos festejaban su hermosura y se alegraban de verla unida al príncipe. El rito se llevaría a cabo una semana más tarde. Entretanto, en el cielo había una tremenda algarabía. Después de buscarla inútilmente, enviaron a un emisario a rastrearla en la tierra. Al poco tiempo se conoció en el cielo el paradero de la estrella y su desobediencia causó un gran revuelo. Todas las estrellas del firmamento convocaron a una reunión que fue presidida, como caso extraordinario, por el dios Sol. Tras deliberar durante largas horas, el Sol dictó su sentencia: "Si se lleva a cabo esa unión, Oyomal se convertirá en flor para el resto de sus días y yacerá solitaria en el lago Oaxaca".

La víspera de la boda, apareció en la habitación de la hermosa estrella una de sus hermanas con el mensaje del dios Sol. Dominada por el deseo de compartir una noche con su amado guerrero, Oyomal decidió aceptar el castigo. ¿Qué era la eternidad junto a una noche en los brazos de su amado?

A la boda asistieron ilustres guerreros y monarcas de las regiones aledañas. Oyomal estaba radiante y el príncipe, espléndido en su traje de guerrero. La noche fue para ambos un sueño. Sin embargo, con el primer rayo de sol, Oyomal desapareció. La búsqueda fue inútil y el príncipe se sumía cada día en un dolor más profundo. Lloraba como un niño, cuando se le apareció un espíritu celestial y le contó cuál había sido el destino de su amada. Conmovido por el sacrificio de su estrella, el joven heredero se puso de rodillas y suplicó al dios Sol que le permitiera acompañar a Oyomal. Nadie sabe si el dios Sol consintió en aliviar la pena del guerrero zapoteca; se sabe, eso sí, que al día siguiente vieron que junto a la hermosa flor de pétalos rosa que había nacido en el lago, crecía una nueva flor, de tallo esbelto y rojos pétalos.

NORTEAMÉRICA

ALGONQUINOS

Se han dado distintas interpretaciones al nombre "algonquinos". En lengua micmac: "los que arponean peces". Para los iroqueses: "los que comen árboles".

Vivían al norte de San Lorenzo, en cercanías del lago Hurón al este de Montreal y en las orillas del río Ottawa, siempre en la zona de los grandes lagos. Eran cazadores, pescadores y cultivaban arroz silvestre. Habitaban grandes casas de madera recubiertas en corteza de abedul. Desde el siglo XVII fueron fuertes aliados de los franceses y permanecieron en guerra contra los iroqueses. Su mitología es de una gran riqueza, abundan en ella las figuras duales como el bondadoso creador Gluskap y su demoníaco hermano gemelo, Malsum. Objiwa, el nombre del joven de una de las narraciones siguientes es el nombre de una de las tribus algonquinas.

LA HIJA DE LAS ESTRELLAS

Existió un joven chippewa que pasaba muchas horas recorriendo las praderas. Una mañana, descubrió un nuevo camino. Quiso recorrerlo y se dio cuenta de que el camino era circular. Se fijó mejor, lo recorrió dos o tres veces y siempre llegaba al punto de donde había partido.

Se escondió entre la hierba por mucho tiempo esperando a que algo sucediera. ¡Le resultaba tan extraño ese camino circular! Al cabo de unas horas, una suave música empezó a llegar a sus oídos desde lo alto. Levantó la mirada y, en el azul del cielo, vio cómo lo que parecía ser una pequeña nube, se acercaba a la tierra. Todo esto ocurría tan de prisa que aún no terminaba de pensar la palabra "nube", cuando comprendió que se trataba realmente de un delicado carro de mimbre en el que viajaban doce preciosas muchachas.

De repente, el carro se posó en el centro del círculo, y las doce doncellas bajaron de él. Encantado, vio cómo las muchachas se tomaban de las manos para formar un anillo. Así, tomadas de la mano, danzaron las preciosas mujeres, con tanta gracia, que era imposible dejar de mirarlas. El joven disfrutaba del espectáculo cuando descubrió a la más hermosa de las doncellas. Era tan delicada, que el muchacho perdió el aliento sólo con mirarla.

En su distracción, el joven chippewa se dejó ver por las muchachas, quienes al notar su presencia, corrieron con pies ligeros hasta el carruaje y desaparecieron.

Desde entonces, cada día regresaba a la pradera, se ocultaba entre la hierba y esperaba el descenso del carruaje. Cada día pretendía capturar a la joven, y cada día fallaba en su intento. Pasado algún tiempo, el joven consiguió un conjuro que lo transformó en ratón. Ser tan pequeño le permitió ocultarse en un tronco hueco, desde donde esperó la llegada del carruaje celestial. Estaban las muchachas en medio de su baile cotidiano cuando el joven, convertido en ratón y oculto entre la hierba, alcanzó a la adorada joven. Al verlo, la muchacha gritó, y enseguida él recuperó su forma humana. Al ver que las hermanas de la muchacha huían en dirección a la nave, asió a la muchacha fuertemente de la cintura, hasta ver que el carruaje se alejaba por los aires. Fue así como Algón capturó a la joven tan deseada. Ella aprendió a quererle, aunque nunca dejó de llorar la ausencia de sus hermanas.

Pasaron algunos años, y del amor de la joven pareja había nacido un niño. Éste crecía sano y fuerte. Pero mientras su padre soñaba con enseñarle a cazar, la Hija de las Estrellas soñaba con regresar al cielo con su amado hijo. Una mañana, mientras paseaba con su pequeño cerca del río, vio un haz de mimbres entre unas rocas. La Hija de las Estrellas supo enseguida que se trataba de un envío de su familia. A toda prisa, confeccionó un pequeño carro. Cuando estuvo terminado, subió a él con su pequeño hijo en brazos y de inmediato el carro se elevó a los cielos, donde pronto se reunió con su familia para siempre. El esposo abandonado cayó en la desdicha. No había hechizo alguno que le permitiera recuperar a su amada y a su hijo. Cada día, la tristeza lo llevaba hasta el círculo en donde había conocido a su mujer. En vano esperaba hasta el anochecer a que descendiera el carruaje. Muchos años pasaron. El niño se convirtió en un hombre y quiso saber quién era su padre. Su madre estuvo de acuerdo en que le conociera, y pidió permiso a su familia para volver a volar en el carro de mimbre. Ellos aceptaron la partida de la Hija de las Estrellas, siempre y cuando regresara con el padre de su hijo, quien debía traer una parte de cada uno de los animales que había cazado. Inmensa fue la alegría del hombre, ya envejecido, al ver de nuevo a su esposa y a su hijo y no deseando perderlos nunca más, estuvo de acuerdo en volver con ellos al Reino de las Estrellas, llevando, como le habían pedido, pieles, plumas, garras y colmillos de los animales que cazaba en las praderas.

Fue así como los hombres supieron que hay estrellas, y fue así como las estrellas conocieron lo que hay en la tierra.

KITCHI MANITÚ

"Oí que puedo cazar un reno", había dicho el joven Ojibwa a su abuelo, que lo consideraba demasiado inexperto a causa de su juventud. Sin embargo, después de pasar tres días solo en el bosque, ya no estaba tan convencido, la tarea ya no parecía tan sencilla.

El primer día, Ojibwa encontró la huella de un reno y lo siguió de cerca, pero el sol se puso antes de que pudiera alcanzarlo. El segundo día, Ojibwa sorprendió a otro reno bebiendo agua de un arroyo, pero cuando quiso aproximarse silenciosamente con su arco, acabó por pisar una hoja seca haciendo un ruido que ahuyentó al reno. El tercer día, Ojibwa localizó a una familia de renos que se refugiaba detrás de unos peñascos, pero cuando empezó a acercarse oyó el gruñido de un oso que lo asustó y lo impulsó a subirse a lo más alto de un árbol para ponerse a salvo. Al volver a bajar, casi una hora más tarde, los renos se habían alejado para siempre. La noche del tercer día, Ojibwa se encontraba en un claro del bosque dándole vueltas a su fracaso y considerando la posibilidad de regresar al campamento, cuando le pareció ver un resplandor en medio de la oscuridad. Luego escuchó una voz, casi un zumbido, que le decía:

—Soy Kitchi Manitú.

—¡Kitchi Manitú! ¿Podrás ayudarme? —dijo Ojibwa— no sé cómo cazar un reno. Me creía tan capaz, pero veo que me equivocaba. Quisiera volver a intentarlo...

Entonces Kitchi Manitú, le respondió:

—El primer día, fallaste por falta de rapidez; el segundo día, por falta de sigilo; el tercer día... bueno, la verdad... el tercer día fuiste un cobarde. ¿Sabes quién soy yo? ¿Sabes quien es Kitchi Manitú? Soy la fuerza. Y necesitas que la fuerza crezca dentro de ti. Para eso tendrás que internarte en el bosque de los abedules. Pasarás dos días con sus noches sentado en la piedra más plana que encuentres en aquel bosque. Tu mirada y toda tu atención han de estar en los troncos de los árboles, en ninguna otra cosa. Al final del segundo día se presentará tu animal protector y te indicará un camino.

Ojibwa siguió las instrucciones con todo cuidado. Se internó en el bosque, buscó la piedra más plana que pudo encontrar, y esperó dos días con sus noches, mientras contemplaba los árboles, a que apareciera su animal protector con las instrucciones de lo que debía hacer. Al final del segundo día, tal como Kitchi Manitú lo había anunciado, llegó un animal, un castor de ojos grandes. El castor se anunció golpeando su gruesa cola contra el suelo, y en cuanto notó que Ojibwa lo había visto se echó a correr. En ese momento, Ojibwa recordó que su primera falla había sido la falta de rapidez, y se lanzó a perseguir al castor tan rápido como pudo. Después el castor pasó a pocos metros de un oso gigantesco que arañaba la corteza de un abeto. Ojibwa recordó su tercera falla, y siguió corriendo tras el castor, intentando no sucumbir al miedo que le infundía la presencia del oso.

Finalmente, el castor entró a la zona más tupida de la floresta y comenzó a andar cada vez más despacio. Ojibwa recordó que su segunda falla había sido la falta de sigilo, y empezó a caminar tan suave y discretamente que sus pies no hacían ruido alguno. Entonces tuvo frente a sus ojos a un reno que mascaba yerbas distraídamente sacando la lengua de vez en cuando. Ojibwa alistaba el arco y la flecha cuando el reno desapareció. En el lugar del reno, apareció de repente el mismo resplandor que viera días atrás. Era Kitchi Manitú, quien le dijo:

—Es mucho lo que has aprendido hasta ahora. Llegará el día en que te convertirás en un gran cazador. De momento regresa con tu abuelo y dile que tenía razón, que eres demasiado joven y te falta experiencia. Si lo haces, sumarás una lección de humildad a tu aprendizaje de cazador.

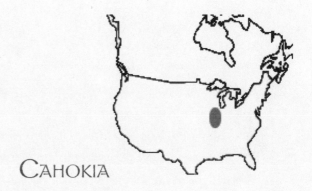

CAHOKIA

Vivían en el Valle del Mississippi, donde actualmente se encuentra el estado de Illinois. Se considera que la población de Cahokia era la más numerosa al norte de México, antes de la llegada de Cristóbal Colón y se calcula que los cahokianos se asentaron en dicho territorio alrededor del año 700 a.C. Construyeron pirámides de base cuadrada y extremo liso, así como altos pedestales en donde vivían los jefes, que llegaban al poder por derecho de consanguinidad. Los cultivos, esencialmente de maíz, se sembraban en torno a la plaza central de las poblaciones. Al igual que algunas culturas mesoamericanas, cometían sacrificios humanos, estudiaban la astronomía y tuvieron una fuerte tradición guerrera.

LA FLECHA EN EL CIELO

Es una noche despejada, la luna se refleja en el agua del río; pronto amanecerá.

Un viento ligero agita las hojas de los maizales. Cuando el viento calla, el silencio es absoluto. Los hombres esperan, ansiosos, el ataque del enemigo. Agazapados tras las colinas y las chozas, preparan el arco y la flecha. Las mujeres y los niños se han ido lejos del campamento. Con la primera luz de la mañana se lanza la primera flecha. Aún no se ven las figuras con claridad, y ya hay hombres caídos en combate. Los guerreros parecen dudar sobre cuáles son sus adversarios y cuáles sus iguales. Pasadas un par de horas, ya a plena luz del día, el jefe militar de la aldea se reúne con los hombres que le quedan.

—Ha llegado el momento de rendirnos —dice el jefe con tristeza contenida.

—Jefe —dice entonces la voz decidida del joven Shiloh— déme una oportunidad para enfrentar al enemigo.

Los hombres callan por un instante que parece eterno. Al final, el jefe de la aldea le dice a Shiloh:

—Morirás tú también.

A lo que el valiente guerrero responde:

—Valdría la pena morir por los míos.

Shiloh corre hasta el centro de la aldea esquivando ágilmente las flechas del enemigo. Se detiene y, plantándose con firmeza en el suelo, apunta con su arco hacia arriba y dispara. Tan pronto como la flecha de Shiloh alcanza a pinchar el cielo, vuelve la noche. Los atacantes huyen del campo de batalla, aterrorizados ante el sortilegio con que Shiloh ha traído la noche en pleno día. Tras largas horas de oscuridad, Shiloh sube al tronco de un árbol. Desde el tronco, sigue subiendo hasta llegar al cielo. Una vez allí, saca la flecha enterrada, sana al cielo y amanece nuevamente.

Aunque quizá todo esto sólo haya sido un sueño más, bajo el cielo de Mississippi.

CROW

Habitaban en cercanías de los ríos Yellowstone y Missouri. Los Crow fueron un pueblo orgulloso y combativo que despreciaba al hombre blanco. Vivían de la caza del bisonte y se desplazaban a caballo instalando sus tipis en campamentos de paso. Veneraban al coyote a quien le atribuían poderes sobrenaturales, entre ellos el de convertirse en hombre siempre que lo considerara necesario. Hoy en día son recordados por su larga melena que casi rozaba el suelo y por tener tantos caballos que cada jinete podía elegir uno distinto para montar cada día.

CHICA BISONTE Y SU AMIGO EL CUERVO

Cerca al río Yellowstone, cuando los bisontes migraban hacia el sur para protegerse del duro invierno, la tribu se preparaba para seguirlos. Mientras unos desarmaban los tipis, otros preparaban a los perros y a los caballos con un armazón de varas finas para cargar sus demás pertenencias. Una mujer dejó a su bebé encima del armazón de un perro, que al instante salió corriendo tras un conejo. A pesar de los llamados y las persecuciones, no pudieron alcanzarlo y la tribu, después de inútiles búsquedas, partió.

Al oír el llanto, unos bisontes recogieron al bebé a quien llamaron Ta Tan Ka Win Ja, pues se trataba de una niña: Chica Bisonte. Chica Bisonte creció entre ellos y cuando era una muchacha, le preguntaron quién era. "Soy un bisonte" –respondió. Pero no podía serlo porque no tenía su misma fisonomía ni se alimentaba de la misma manera. Si no lo era, algo debía ser y el gran macho de la manada le dijo que ella era parte de los hombres tras las colinas. "Intenta vivir con los tuyos, pero si alguna vez necesitas ayuda, considérate uno de los nuestros".

Chica Bisonte dejó a su antigua familia y cerca de las colinas se encontró con dos niños que huyeron espantados al verla desnuda y sucia. La muchacha no se atrevió a acercarse a la tribu y deambuló, salvaje, hasta que una anciana se encariñó con ella. Desde ese día se convirtió en nieta y vivió con su abuela, alejada de los demás, en un tipi viejo y agujereado.

Un día cualquiera, Roca del Medio, hijo del cacique de la tribu, salió a cazar y se encontró con una muchacha hermosa. A pesar de su pobreza, Roca del Medio comenzó a cortejarla. Pasaba días enteros en el viejo tipi. Con suntuosos regalos anunció que quería casarse con ella. La abuela estaba preocupada porque eran pobres y no podrían ofrecer ningún regalo a cambio, pero Chica Bisonte la calmó y esa misma noche fue a buscar boñiga de bisonte. Cuando encontró la boñiga, se dirigió a ella pidiendo a sus amigos bisontes que no la dejaran aparecer ante sus suegros sin regalos y tan mal vestida. La boñiga se transformó en opulentos objetos de todas las clases y hermosos vestidos. Cada miembro de la familia de Roca del Medio recibió un obsequio. Los padres estaban fascinados y decidieron ir a visitarla a la mañana siguiente. Esa misma noche, ella volvió a buscar boñiga y dirigiéndose de nuevo a los bisontes, pidió un tipi nuevo para poder recibir a la familia de su prometido. Al levantarse, la anciana se encontró en un tipi con pieles de bisonte recién curtidas. La familia del cacique quedó sorprendida ante la esplendida morada de las mujeres pero Roca del Medio sospechó de tanta riqueza adquirida de la noche a la mañana. "Unos buenos amigos me lo han dado" –lo tranquilizó Chica Bisonte. Sin más preguntas, la boda se realizó al día siguiente.

La nueva pareja era la envidia de todos y una mujer enamorada de Roca del Medio no dejaba de importunarlos. Siguiendo el consejo de su padre y con la aceptación de Chica Bisonte, quien confesó que en su juventud no había vivido en un tipi y podría necesitar ayuda con las tareas domésticas, Roca del Medio decidió hacerla su segunda esposa. El único deseo de Ta Tan Ka Win Ja, fue que la nueva esposa no sembrara la discordia entre los esposos. "Si eso haces, te arrepentirás" —le advirtió.

La vida continuó siendo la misma, hasta que apareció entre todos el hambre; los bisontes no habían vuelto por aquellas llanuras. Chica Bisonte dijo a su marido que cazara un cuervo y se lo trajera para domesticarlo. Cuando se lo trajeron habló con él. "Vuela hasta el sur, donde mis amigos bisontes, y diles que tenemos hambre, que vengan". Regresó el cuervo con la manada y ella dijo a los cazadores que no mataran a ninguno; que hicieran un cercado. Con una canción para todos desconocida, Chica Bisonte hizo que la manada entrara en el cercado que mandó a cerrar de inmediato. A su esposo le preguntó la cantidad de bisontes que necesitarían para aguantar dos estaciones, pero la segunda esposa se interpuso. "No hagas caso de esa loca, podemos matarlos a todos y tener suficientes reservas". Los cazadores miraron a Roca del Medio, quien no supo que responder. "Mi segunda mujer ha sembrado la duda en mí" —concedió. Ante un gesto imperceptible de Chica Bisonte, el cuervo se elevó y descendió en picada sobre la frente de la segunda esposa y devoró su cerebro. Pero ella no murió; solamente quedó retrasada mental. "Diez bisontes serán suficientes", pudo por fin decidir Roca del Medio, y diez bisontes se tumbaron de costado pasando a mejor vida. "Dejen libres a los demás, son mis amigos" dijo Chica Bisonte. Entonces el cuervo se dirigió a los miembros de la tribu. "Han sido sabios al tomar sólo lo necesario, ahora los bisontes confiarán en ustedes y no volverá a faltarles comida".

De allí en adelante, el cuervo se convirtió en su protector y la tribu adoptó su nombre. Los crow, cuervo, nunca volvieron a tener hambre, ni más de una esposa a la vez.

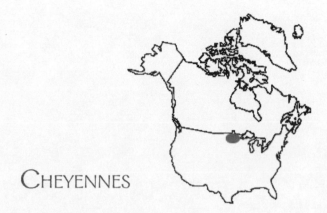

CHEYENNES

Como otros grupos de las praderas norteamericanas, los Cheyennes eran beligerantes, tenían una importante posesión de caballos y se dedicaban a la caza del bisonte. Originarios de lo que ahora es Minesotta central, emigraron al oeste en el siglo XVII y se establecieron a lo largo del río Cheyenne. Como bien cuenta la leyenda, los cheyennes conferían una gran importancia a sus lanzas. En un sentido casi religioso, los guerreros se consideraban a sí mismos los guardianes del pueblo. Tras su rendición ante el ejército norteamericano en 1877 fueron reubicados en una reserva indígena de Oklahoma.

LA FLECHA DE LOS CHEYENNES

El gran consejo de los cuarenta y cuatro sabios estaba reunido en el centro del campamento. Hópewa fue conducido por los centinelas hasta la hoguera. Los cinco jefes más respetables contemplaban el fuego sentados en círculo alrededor de la fogata. Ellos eran los únicos capaces de interpretar la voz de los espíritus. El mayor de los cinco, dijo:

—Hópewa, este consejo ha tomado una importante decisión. Cuando los cheyenne volvamos a reunirnos aquí, dentro de seis lunas, tú serás el jefe de caza y todos te seguiremos.

—Pero yo no he dado muerte a más de diez búfalos en mi vida —dijo Hópewa, desconcertado—, ¿cómo puedo ser el jefe?

—Escucha, Hópewa: esta mañana, mientras se realizaba la cacería, pedí a mi hijo Onka que te siguiera y me contara lo que habías hecho. Onka vio cómo te alejabas para ir detrás de unos búfalos que se dirigían hacia el río. Vio cómo los seguiste con el olfato hasta encontrarlos bebiendo en un ojo de agua. Vio cuando te aproximaste al más robusto, tomaste sin temor el arco, sacaste una flecha y la clavaste veloz en la cabeza del animal, que en ese mismo instante cayó muerto.

—Pero, ¿es eso suficiente para convertirme en jefe?

—Espera, no he terminado. Onka vio cómo corrías detrás de los otros. Vio cuando los alcanzaste, preparaste el arco y apuntaste otra vez al más robusto, pero justo antes de disparar descubriste que sangraba, y notaste que los demás también sangraban. Los búfalos estaban heridos. Habían sido heridos en el llano por otros cazadores. Entonces dejaste el arco y solamente arrojaste una piedra para ahuyentarlos. Por eso hemos decidido que serás el jefe.

—¿Por negarme a cazar?

—Sí. El verdadero cazador no acepta la ventaja que le da una presa herida. Pocos tienen la fortaleza necesaria para detener la cuerda del arco en un tiro seguro, para dar lugar a la clemencia. Es por eso que hemos decidido seguirte.

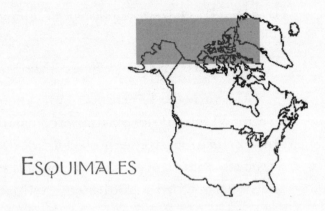

ESQUIMALES

Originarios del noroeste asiático, los Inuit o Esquimales se asentaron en Canadá, Alaska, Groenlandia y Rusia hacia el año 2500 a.C. Están divididos en distintas tribus, cada una de ellas con creencias y costumbres particulares. Los nuvugmiut, un grupo Inuit de la costa de Alaska, eran sedentarios, cazadores de ballenas y vivían en cabañas subterráneas hechas con troncos. Los padlirmiut, en cambio, eran nómadas, cazaban focas en la primavera haciendo huecos en el hielo, y en las otras estaciones del año se desplazaban al acecho de bueyes y caribúes. Es un pueblo acostumbrado a vivir en condiciones adversas y para protegerse de la inclemencia del clima y la falta de recursos han aprendido a aprovechar al máximo las partes de las focas, ballenas, caribúes y osos que cazan. De ellos hacen sus herramientas, utensilios, abrigos, y parte de sus casas. Los esquimales que solemos imaginar, esos hombres sonrientes que habitan en un iglú y navegan en kayak, habitan la región del ártico canadiense.

SEDNA, LA MUJER DEL MAR

Sedna era una muchacha joven y muy hermosa. Cuentan que desde niña pasaba las horas mirando al mar. Cuando tuvo edad para casarse, no hubo un solo hombre que le gustara aunque tenía muchísimos pretendientes. Un día, desde la ventana de su cabaña, alcanzó a ver un magnífico barco que llamó su atención. Sedna corrió hasta la orilla, desde donde vio al capitán del barco, un gallardo cazador, que enseguida la cautivó. A medida que el barco se acercaba a la orilla, Sedna sentía cómo el amor se henchía en su pecho como por arte de magia. Hechizada por la mirada del misterioso extranjero, se marchó con el desconocido, que parecía ocultar tras sus ojos un mundo de aventuras. Sus historias hablaban de lugares paradisíacos cargados de tesoros ocultos. Sin embargo, tan pronto fue seducida por el extraño, Sedna comprendió el error que había cometido. El extraño no era ni cazador ni extranjero, ni hombre siquiera. Era un pájaro-espíritu, que a través de un encantamiento se las había arreglado para cambiar de forma y convertirse en seductor para conquistar a la muchacha. Aunque quería huir, era imposible. Estaba atrapada al interior de un barco en alta mar, de donde temía que no escaparía

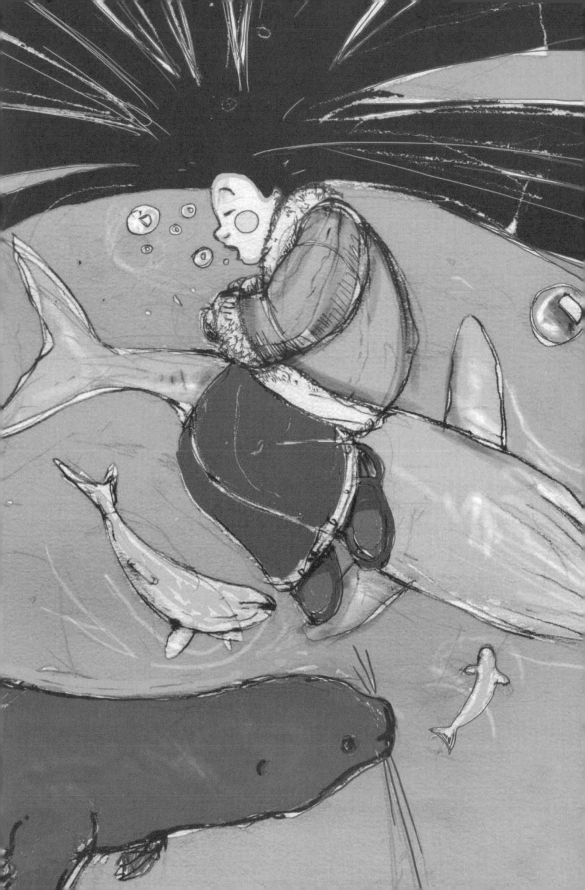

jamás. Entretanto su padre, al saber de la desaparición de su hija, se lanzó a buscarla océano adentro. Navegó sin tregua aventurando difíciles caminos hasta dar con su paradero. Cuando la encontró, aprovechó la ausencia del siniestro pájaro para llevarse a su hija. Pero el enorme animal de plumas oscuras, que parecía haber ascendido de un mundo de ultratumba, aprovechó sus poderes mágicos para desencadenar una rabiosa tempestad. El padre de Sedna, al ver la fuerza sobrenatural que ejercía el verdugo de su hija sobre todas las cosas, comprendió con dolor que era el momento de ofrecer un sacrificio. Era la misma fuerza incontenible del mar, la que reclamaba a su hija. Entristecido, el anciano empujó a Sedna fuera del barco. Pero la muchacha se aferraba a la vida con fiereza. Una y otra vez, salía a la superficie para sujetarse del barco con todas sus fuerzas. El padre, aterrorizado con la tempestad, tomó un hacha de marfil y cortó los dedos de su hija. Dos veces más, intentó la muchacha salir a flote, y en iguales ocasiones le cercenó su padre lo que le quedaba a Sedna de las manos. Entonces ocurrió algo fascinante: los primeros dedos se transformaron en focas; los segundos en okujs, focas de las aguas profundas; los terceros, en morsas. Lo que quedó de sus manos se transformó en ballenas. Una vez consumado el sacrificio, el mar recobró su serenidad habitual. Sedna vive desde entonces en lo más profundo del océano, en un recóndito lugar llamado "Adlilen" a donde se dice que van las almas a pagar sus penas después de la muerte. Algunos le siguen rindiendo tributo a Sedna, la mujer del mar, madre de las focas y de las ballenas.

PUNYK Y LAS FOCAS

La pequeña Naterk y sus padres se encontraban dentro del iglú, bien protegidos del frío. La madre, Togiak, cosía un pantalón de piel de caribú. Su esposo, Iniuk, miraba fijamente la llama de fuego que abrigaba a la familia en noches como esta, mientras descansaba arropado entre pieles de animales. Naterk rompió el silencio:

—¿Cuándo volverá Punyk?

—No debe tardar —dijo la madre— hoy es un día especial. Su primera día de caza.

Todos volvieron a encerrarse en el silencio. La familia parecía pensativa a la luz del fuego. Unos segundos más tarde se oyeron los ladridos de los perros. Un poco después, el roce del trineo sobre la nieve.

—¡Es Punyk! —gritó Naterk emocionada— ¡Ya ha vuelto! ¡Ya sabremos si es un buen cazador!

Punyk asomó la cabeza en el iglú apartando las pieles que cubrían la entrada. Sintió la mirada inquieta de su familia recaer sobre él. Se retiró las gafas protectoras y dejó ver sus ojos achinados y sus mejillas rosadas. Naterk, impaciente, le preguntó a su hermano:

—Entonces, ¿eres un buen cazador?

¡A Punyk la alegría no le cabía en el cuerpo! Todos podían ver el dichoso brillo de sus ojos, mientras contaba:

—He matado tres focas con mis propias manos. He metido tres focas en el trineo. He traído tres focas a casa. ¡Soy tres veces hombre! —exclamó con orgullo y alegría.

—Digamos que has demostrado saber cazar —corrigió el padre con expresión bondadosa—. Cuando hayas construido un iglú con tus propias manos, en la mitad de una tormenta de nieve, y así hayas salvado la vida de tu familia y la tuya, entonces habrás empezado a convertirte en un hombre.

LOS HERMANOS RAYO Y TRUENO

Los esquimales saben que el Sol y la Luna, las estrellas, el trueno y el relámpago son personas que se fueron al cielo pero no saben por qué. Saben que el Sol y la Luna se amaron como hombre y mujer y que mataron a su madre, por eso dejaron de ser humanos.

Trueno y Rayo eran hermanos y no tenían ningún pariente. Un día la gente decidió cambiar de campamento; cruzar el río, luego de preparar los kayaks y las balsas. Los dos hermanos se quedaron atrás. Eran huérfanos y nadie quiso hacerse cargo de ellos. Entre las casas abandonadas buscaron comida y abrigo pero sólo encontraron una vieja piel de caribú y un cuarzo olvidado.

—¿Qué haremos? —preguntó la niña— si no fuéramos humanos podríamos sobrevivir.

—Ya sé —dijo el niño— seremos trueno y rayo. Así los hombres no nos perseguirán para matarnos como hacen con las focas y los caribús.

—Yo seré rayo —dijo la niña.

—Y yo trueno —añadió el hermano.

No sabían qué significado tenían esas palabras, pues no existían ni el rayo ni el trueno. De repente se alzaron por los aires. La niña golpeaba el cuarzo desprendiendo chispas por el cielo. Los hermanos pasaron por el campamento de quienes los habían abandonado. Pasaron sobre sus tiendas destrozando todo a su paso de ruido y fuego.

Tiempo después, otros viajeros encontraron muerta a la gente del campamento. Se preguntaban qué habría ocurrido pues no había señales de un ataque y tampoco llevaban marcas en su cuerpo. Todos tenían los ojos rojos del miedo. Al tocarlos, sus cuerpos se deshacían como cenizas. A lo lejos se vio un rayo y, poco después, se escuchó al trueno.

EL AMOR DEL OSO

Existió antiguamente un oso que se enamoró con locura de una mujer. Dicen que la visitaba en su iglú cada día, tan pronto como su esposo se había ido de casa. Ella sonreía al verlo llegar. Pronto, se echaba en sus brazos y así pasaba el día, mientras su esposo buscaba a Nanuk, que era el nombre del oso, por toda la montaña. El oso y la mujer hablaban de amor y retozaban hasta bien entrada la noche. Nanuk salía poco antes de la llegada del cazador. Y así cada día. En una ocasión, el oso le dijo a su amada:

—Te contaré en dónde vivo, por si alguna vez quieres buscarme. Prométeme que no se lo dirás a tu esposo, pues si lo haces yo podré oírlo con el corazón. Tengo un iglú amplio en lo más alto de la montaña, pero me siento solo y me aburro. Me gustaría que vinieras a vivir conmigo. ¿Puedes guardar el secreto?

A ella le dolía imaginar que su esposo podría hacerle daño a Nanuk.

—No diré nada —dijo enrollándose en el pecho velludo de su amante.

Pasaron muchos días, incluso meses. El cazador se iba volviendo cada vez más oscuro, infeliz por no haber podido dar con el paradero de Nanuk. Incluso, con el tiempo, empezó a intuir una extraña presencia:

—No lo entiendo —dijo un día a su mujer— hay un olor desagradable en casa, diría que huele a oso.

—Son tus botas que tienen un olor rancio. Ya las limpiaré —decía la mujer.

Pero cada día el hombre estaba más silencioso, más distante. Poco a poco, se fue volviendo huraño hasta el punto en que ya no quiso volver a tocar a su mujer. Ella se esforzaba por hacer feliz a su marido. Cocinaba suculentos platos, remendaba la ropa y limpiaba la casa. Nada daba resultado. Finalmente, cansada de los rechazos de su marido y de verlo tan desgraciado, una noche le susurró al oído el lugar donde estaba Nanuk. Arpón en mano, el hombre salió tan rápido como pudo en dirección a la montaña acompañado de sus perros. Pero cuando llegó al iglú, encontró que el oso se había ido. Nanuk había escuchado a la mujer desde lo más hondo de su corazón. Destrozado, con las lágrimas bañando su peludo rostro, bajó de la montaña. Se acercó al iglú de su amante y justo antes de aplastarlo, logró dominar su ira. No aplastó el iglú ni se comió a su traidora amada. Le dio un zarpazo al techo y se alejó para siempre, con la espalda encorvada y el corazón inmenso encogido de tristeza.

HIDATSAS

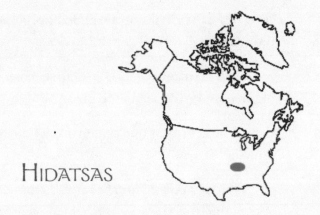

La tribu de los hidatsas se asentó pacíficamente sobre las faldas del río Missouri hacia comienzos del siglo XV. Los hombres se dedicaban a la caza del búfalo y construían sus casas sobre un sótano excavado en el barro para tener donde almacenar alimentos durante el invierno. Cultivaban el maíz y lograron llevar una vida tranquila, siempre en alianza con los Arikara, hasta que las fuertes epidemias sufridas por la población durante el siglo XIX los llevaron a instalarse en una reserva indígena en Dakota del Norte.

LA HISTORIA DE MUCHACHO CASERO

En un poblado de los hidatsas vivía un muchacho apuesto, de larga cabellera. Tenía el aspecto de un guerrero, pero jamás había participado en una batalla pues prefería pasar el tiempo mirando a las muchachas. Era conocido como Muchacho Casero. Un día, su padre le dijo:

—Ya eres mayor y nunca has luchado. Eres una vergüenza para nuestra familia. Sube a la montaña y pide una visión.

El muchacho obedeció a su padre. En la soledad del monte, rezó y ayunó. En la noche presintió la cercanía de un grupo enemigo y bajó al poblado para anunciarles el peligro. Sin embargo, al día siguiente no encontraron rastro de enemigo alguno y todos se burlaron de la cobardía de Muchacho Casero. De nuevo, el padre volvió a enviarlo a la montaña. Por segunda vez, el joven creyó oír una algarabía que le hizo pensar en la presencia de un grupo de guerreros enemigos. Esta vez era cierto. Cuando los vio venir era ya demasiado tarde. El primero de ellos lo atravesó con una flecha que lo derribó, y cada guerrero que pasaba lo golpeaba con una lanza curvada. Cuando ya todos le habían golpeado y ultrajado y Muchacho Casero yacía sangrando en el suelo, escuchó una voz que le decía: "alcanzarás grandes honores en la batalla y te convertirás en un gran guerrero".

El tiempo pasó, Muchacho Casero logró sanar sus heridas, y un buen día se decidió a participar en la Danza del Sol. Sólo los grandes guerreros participaban en ese ritual. Llegado el momento, Muchacho Casero se acercó al recinto de la Danza del Sol, se pintó la cara como los grandes guerreros y se sentó entre los más respetables de ellos. Durante la danza, tocó el poste central, jurando así que sus actos y palabras serían honestos.

A la mañana siguiente, partía una expedición de guerreros y Muchacho Casero decidió unirse a ellos. Llamó a uno aparte y le dijo:

—Más tarde me uniré a ustedes. Por la mañana verás un lobo gris en el camino y dirás: "Ese lobo es Muchacho Casero que ha visto al enemigo".

Y así hicieron, aunque todos se burlaron cuando el guerrero dijo que el lobo era Muchacho Casero. Sin embargo, a la curva siguiente se encontraron con el joven, que les dijo:

—Aquí cerca hay un campamento enemigo —y les explicó un plan para atacar. La incursión fue un éxito, y los guerreros volvieron al poblado con cantos de victoria.

Al llegar, Muchacho Casero se echó a dormir en su tienda. En la tribu sólo se hablaba de sus hazañas. Los comentarios llegaron a oídos del padre, quien creyó que volvían a burlarse de su hijo. Cuando vio que las ancianas le hacían ofrendas, propias de un héroe de batalla, el padre se acercó a la tienda de su hijo y al encontrar la lanza ensangrentada, quedó convencido de sus proezas. El padre se sintió orgulloso de su hijo, que vivió muchos años como un gran guerrero.

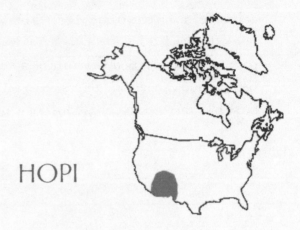

HOPI

Los Hopi, "el pueblo pacífico", como tantos otros pueblos de la región, cosechaban maíz, calabaza y frutas; vivían en casas hechas de adobe y arcilla y tejían cestos y mantas. Los destaca de otros pueblos su discurso pacifista. Para los hopis, una mano elevada con el ánimo de agredir, podía cambiar el curso del universo. Durante el "baile de la serpiente" buscaban entrar en conexión con la naturaleza, en donde lo vegetal, lo animal y lo mineral conformaban una sola fuerza. Habitaban en Arizona, parte de Utah y Nuevo México. Actualmente viven en la reserva federal de Pueblo Navajo.

LA CREACIÓN

Al comienzo del tiempo, una chispa de conciencia se encendió en el espacio. Esta chispa era el espíritu del sol, llamado Tawa. Tawa creó el primer mundo: una enorme caverna poblada de insectos. Tawa observó durante unos instantes cómo se movían y sacudiendo la cabeza pensó que aquella población no parecía demasiado inteligente. Entonces les envió a la Abuela Araña para que les hablara en su nombre:

—Tawa, el espíritu del sol, está descontento. Me ha pedido que los conduzca al segundo mundo, que está encima de esta caverna.

Enseguida, los insectos se pusieron a trepar hacia el segundo mundo. Pero el trayecto era tan largo y tan penoso, que antes de haber llegado, muchos de ellos se habían transformado en animales más ágiles, más fuertes. Sin embargo, Tawa pensó que seguían siendo seres primarios, incapaces de comprender el sentido de la vida. Entonces le pidió a la Abuela Araña que los llevara al tercer mundo. Recorriendo este nuevo camino, algunos se transformaron en hombres. La sabia Abuela Araña les enseñó muchas cosas y poco a poco fue viendo cómo en la cabeza de hombres y mujeres aparecían preguntas y más preguntas. Ahora, hombres y mujeres se sabían parte de un mundo y pensaban en el sentido de la vida. Pero los brujos oscuros, esos que sólo están en paz en medio de las tinieblas, cegaron a los seres humanos de ese rayito de luz, de ese destello que era el sentido de la vida. Los niños lloraban, los hombres se peleaban entre ellos, todos los seres humanos se hacían daño unos a otros. Habían perdido algo, pero no sabían qué. La Abuela Araña, por ordenes de Tawa, les habló nuevamente:

—Tawa, el espíritu del sol, su creador, castiga el que hayan desperdiciado la luz que brillaba en sus cabezas. Ahora deben ascender al cuarto mundo. Tendrán que encontrar el camino ustedes mismos.

Los hombres se quedaron largo rato en silencio. ¿Cómo iban a encontrar el camino? Al fin, un anciano dijo:

—Me parece haber oído un sonido de pasos en el cielo.

Algunos decían haberlos oído también. Otros dudaban. La mayoría optó por enviar un emisario. De este modo eligieron al Pájaro Gato y lo enviaron a ver quién vivía en el cuarto mundo. Como era muy pequeño, el Pájaro Gato se coló por un agujerito. Allá arriba era hermoso. Se parecía al desierto de Arizona. Había mucho espacio. Voló y voló hasta que encontró una casa de piedra no había nada más. En la puerta de la casa un hombre descansaba de pie. Pájaro Gato se acercó sigilosamente y pudo ver su rostro. Era rojo como la sangre, tenía costras, quemaduras, cicatrices; líneas negras recubrían sus pómulos y su nariz. Parecía no tener ojos por lo hundidos que los tenía. Pero al acercarse más, vio que en lo más hondo de esas cavidades sí que había un par de ojos oscuros y terroríficos. Pájaro Gato supo que aquel ser aterrador solo podía ser la Muerte, que en ese momento lo miró y le dijo:

—¿Es que no tienes miedo? ¿Acaso no sabes quién soy?

—Pues no tengo miedo —respondió Pájaro Gato— en realidad los hombres me han mandado a preguntarte si pueden venir aquí a vivir contigo en este mundo.

—Si quieren venir, pues que vengan —sentenció la Muerte.

Al regresar al tercer mundo, el Pájaro Gato les contó lo que había ocurrido allá arriba. Los hombres se alegraron muchísimo de tener un nuevo mundo donde vivir. Pero luego no supieron cómo llegar hasta arriba. Entonces fueron a pedirle ayuda a la Abuela Araña, quien les dijo:

—Tienen que plantar un bambú en todo el centro del pueblo y cantar para que vaya creciendo.

Esto hicieron los hombres. Y vieron cómo mientras cantaban se iba formando un nudo en el tallo. Así iba creciendo poquito a poco. Los hombres cantaban mientras la Abuela Araña bailaba para darle ánimos al bambú que iba creciendo bien derecho. Desde que salía el sol, hasta que se ponía en el crepúsculo, cantaban los hombres hasta el día feliz en que vieron que la punta del bambú había atravesado el agujero del cielo. En ese momento empezaron a trepar, felices de tener un mundo para ellos. La Abuela Araña se despidió cantando y los hombres se fueron alejando hasta que ya no escuchaban más su voz. Cuando llegaron al cuarto mundo, construyeron un pueblo, plantaron maíz y calabazas, hicieron muchos jardines, y de generación en generación, contaron esta historia y otras muchas a los niños que les ayudaron a recordar sus orígenes.

MIAMI

Los miami, "agua dulce", eran seminómadas, cazadores de bisontes y agricultores. Originarios de Wisconsin se asentaron en el norte de Indiana e Illinois. Estaban organizados en tribus que conservaban cierto nivel de autonomía. Bajo el mando del guerrero Little Turtle –pequeña tortuga--, los miamis lucharon con tenacidad contra los colonizadores. Durante el gobierno de George Washington (1790) los colonos recibieron apoyo del ejército norteamericano para vencer a los indígenas. Aun así los miamis, con el respaldo de los Shawnee, Delaware y Wyandot, derrotaron a las tropas de Washington. Un año más tarde, Arthur St Clair envió a sus tropas a luchar contra Little Turtle y sus hombres. En esta ocasión el golpe fue fulminante para el ejército estadounidense. "La derrota de St. Clair", sigue siendo recordada pues nunca habían muerto tantos soldados a manos de los indígenas nortemaericanos. Finalmente, el presidente Washington encargó al general Wayne de preparar a las tropas para la batalla. Tras dos años de entrenamiento, en 1794 las tropas estadounidenses vencieron a los miamis, quienes se vieron obligados a firmar la paz y a ceder tierras en Ohio, Michigan, Illinois e Indiana. Actualmente viven en una reserva indígena, al igual que los algonquinos e iroqueses, entre otros.

LA VISIÓN DEL BRUJO

Flor Radiante, una india hermosa de la tribu Miami, y Lucero, su enamorado del pueblo micmac, se veían a escondidas en un claro del bosque. Sus familias habían sido enemigas desde hacía tantos años, que ya habían olvidado el motivo de su enemistad. Sin embargo, su amor era tan fuerte que los chamanes mediaron para obtener el consentimiento de los padres de ambos para oficiar la boda. Finalmente, los jóvenes se casaron. La boda parecía haber unido a las comunidades antes enemigas. La fiesta duró varios días y la alegría se respiraba en el aire. Sin embargo, el brujo de la tribu Miami veía toda suerte de oscuros presagios en el cielo. Y la desgracia no tardó en hacerse presente. El único que no compartía la felicidad de la pareja era Trueno Gris, un enamorado de Flor Radiante. El siempre la había querido por esposa, pero ella jamás pudo amarlo, más que como a un hermano, un compañero en sus juegos de infancia. El rencor se apoderó de Trueno Gris, quien planeó su venganza. La celebración de la boda estaba ya en su último día cuando Trueno Gris pidió a la novia que lo acompañara a la orilla del río, donde tenía para ella una manta como regalo de matrimonio. Ella lo siguió, confiada. El la ató

de un árbol y fue en busca de Lucero, quería que ella lo viera morir. Con la ayuda de otros guerreros, capturaron al esposo y le dieron muerte al pie de un árbol donde ella, cansada de llorar, pidió auxilio a los dioses; ya no quería seguir viviendo. Un silbido de grullas, seguido por un viento fresco liberó a la mujer de las sogas que la ataban. A toda prisa, corrió río abajo y se dejó arrastrar por las fuerzas de la cascada que se arremolinaba entre las piedras.

Poco tiempo después, el brujo advirtió dos nuevas luces en el firmamento: Flor Radiante y Lucero se habían unido a los astros. En la distancia, sabrían permanecer juntos para siempre.

NAVAJOS

Los navajos son ascendientes de un grupo apache del sur de Canadá. Se establecieron en Nuevo México entre el 900 y el 1200 d.C. Acostumbraban invadir y saquear los asentamientos de otros pueblos para robarles ovejas y caballos, como solían hacer otros grupos de la cultura apache. Sin embargo, los navajos se distinguían por ser excelentes agricultores. Con el tiempo desarrollaron una economía basada en la agricultura, la ganadería y los asaltos. A mediados del siglo XIX fueron forzosamente desplazados de sus tierras por parte del ejército norteamericano. Muchos murieron y otros se dispersaron con otros grupos tribales. Los sobrevivientes fueron instalados en la reserva de Fort Sumner, una etapa difícil para los navajos sometidos a la escasez de comida y las enfermedades. Cinco años más tarde pudieron regresar a sus tierras. Pronto volvieron a establecer sus cultivos, a trabajar el ganado, la artesanía, el tejido y la orfebrería. La tribu logró prosperar y crecer y hoy en día sus cerca de 250.000 habitantes conservan buena parte de sus tradiciones. Habitan en reservas de Nuevo México y Arizona y constituyen una de las comunidades indígenas más prósperas de los Estados Unidos.

EL ORIGEN DE LA MEDICINA

Hace muchísimo tiempo, los hombres y los animales vivían en harmonía.

Los árboles y las praderas daban cobijo y alimento a los indios. Los indios eran sabios al cazar, pues lo hacían sólo para comer, como rezaba la voluntad de los espíritus protectores. Así fue desde el comienzo de los tiempos.

Un día, hombres malos mataron muchos animales para vender sus pieles y su carne. No respetaron a los espíritus. No respetaron las reglas de los indios. Mataron a las hembras y a las crías, a los jóvenes y a los viejos. Ninguna criatura estuvo a salvo de su codicia.

Después de mucho sufrimiento, el Gran Oso convocó a los animales a una asamblea. Había que castigar a los hombres. Los animales discutían. Las madres lloraban. No lograban ponerse de acuerdo. Al cabo de las horas, las más viejas entre las moscas propusieron una solución:

"Pidamos a los espíritus que envíen una gran enfermedad; nosotras la extenderemos por toda la tierra. Así castigaremos a los hombres malos". Los animales estuvieron de acuerdo. Al poco tiempo, una gran epidemia se extendió entre las gentes, de todas las edades, buenas y malas.

Los animales se entristecieron al ver que todos morían, cuando sólo querían castigar a los malos. De nuevo, convocaron a una asamblea. Ninguna solución parecía buena. Fueron las hierbas y las flores, las que tuvieron la mejor idea. Desde la tierra, elevaron sus voces para decir cómo sanar a los enfermos. Los espíritus debían enviar un sueño revelador a los hombres más buenos y sabios. En ese sueño, los hombres comprenderían la medicina escondida en los colores, aromas y sustancias de yerbas y flores.

Los animales estuvieron de acuerdo, invocaron a los espíritus y los espíritus enviaron sueños mágicos a los hombres sabios y buenos. A la mañana siguiente, los hombres que habían recibido el sueño enviado por los espíritus, sabían cómo usar las plantas para aliviar las enfermedades y los dolores. Así llegó la medicina a la tierra. Quienes sabían ejercerla lo hacían por el poder de los espíritus. Estos sabios sanadores fueron llamados chamanes.

PENOBSCOT

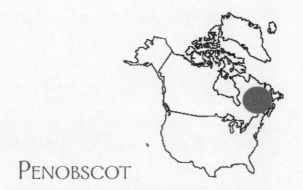

Su lengua pertenece a la familia lingüística de los algonquinos. Vivieron a ambos lados de la Bahía del Penobscot y en las zonas alta y baja del río Penobscot en el noreste de los Estados Unidos y en la Zona Marítima del Canadá (Canadian Maritimes). Lucharon activamente en las guerras de Nueva Inglaterra, usualmente a favor de los franceses. Tradicionalmente acostumbraban a hacer una peregrinación hacia el océano en busca de pescado y mariscos. Los principales seres mitológicos que conforman su cosmogonía fueron criaturas acuáticas. Esta relación sostenida con el río y el mar a lo largo de los siglos, marcó su identidad de forma definitiva.

POR QUÉ LOS NEGROS
SON NEGROS

Los Penobscot vivían en los bosques de Canadá. Cuando llegaron los primeros negros a la región causaron asombro entre los nativos, así es que inventaron distintas historias para explicar por qué tenían ese color de piel.

Una de esas historias cuenta que hace muchos años vivía una pequeña familia en una aldea. El hijo mayor siempre se estaba riendo. Se burlaba de sus padres, le causaba gracia todo cuanto ellos decían y hacían. Pasó el tiempo y el chico no paraba de reír. Cada vez que sus padres hablaban, el niño enseñaba los dientes y la cara se le ponía negra. Un día el niño se quedó de ese color, su piel se volvió negra como el carbón.

El tiempo pasó, el pequeño creció y tuvo su propia familia, sus hijos nacieron negros también, al igual que los hijos de sus hijos, y de ellos nacieron todos los hombres y las mujeres de la raza negra, a quienes siempre vemos riendo.

PIES NEGROS

Estos indígenas, oriundos de Saskatchewan, emigraron posterior-
mente al suroeste de Alberta (Canadá) y al noreste de Montana.
Pertenecían a la familia lingüística de los algonquinos. Se destacaron
como guerreros y cazadores de castores y bisontes. Sostuvieron un
combate prolongado con los indios Crow y lograron amedrentar y
dominar a tribus menores (entre ellas los Flathead y los Coeur Dálene)
que fueron expulsadas de su territorio. Su primera aproximación
a los hombres blancos fue amistosa. Sin embargo, la depredación
desmedida de animales y la afluencia masiva de hombres blancos
a las Grandes Llanuras, deterioraron las relaciones y propiciaron
los primeros enfrentamientos. A finales del siglo XIX se acaban los
bisontes de la zona. Como no eran agricultores, cientos de ellos
mueren de inanición. A comienzos del siglo XX son trasladados a
una reserva indígena. Son recordados por la majestuosidad de sus
tipis decorados con dibujos de animales, flores y estrellas, entre las
que no podía faltar "la estrella de la mañana".

LA LANZA SAGRADA
DEL OSO

Hace mucho tiempo, antes de que los indios conocieran el caballo, una tribu de los Pies Negros se estaba mudando de campamento. Los perros arrastraban los trineos, en donde llevaban el equipaje de los indios. Ya les quedaba poco camino por andar, cuando notaron que el perro del jefe se había extraviado llevando consigo el trineo con las pertenencias más valiosas de la tribu. Enviaron a dos exploradores a buscar al perro al antiguo campamento, pero no lo hallaron. Entonces Sokumapi, un chico de doce años hijo del jefe, decidió ir él mismo en busca del perro y el equipaje extraviados. Al principio, sus padres se negaron, pero fue tal su insistencia que acabaron por dejarle ir. Poco tiempo después de alejarse del grupo, Sokumapi encontró una huella de perro que desembocaba en una cueva. Junto a la cueva y estaba el trineo desaparecido. El chico se acercaba lentamente, cuando de pronto un oso gigantesco salió de la cueva y con la fuerza de diez hombres, lo agarró y lo introdujo en su guarida. Aterrorizado, Sokumapi miraba al oso temiendo lo peor cuando de repente escuchó estas palabras:

—No tengas miedo. Yo soy el Gran Oso, mi poder es enorme y terrible, y te he traído para que lo compartas conmigo. Será mejor que te quedes en mi cueva mientras pasa el invierno.

El oso durmió durante la estación más fría del año. Al llegar la primavera, despertó lleno de energía para anunciar a Sokumapi que era hora de abandonar la cueva. Antes de salir, le enseñó a construir una lanza del oso que tenía en la punta, las pezuñas de un oso. Toda la lanza debía ir recubierta por la piel de un oso gris, adornada con plumas de águila. Después, el oso le enseñó los cantos que debía usar el guerrero en batalla junto con la lanza, para salir siempre victorioso. Al final, le entregó una pintura que le haría invulnerable y le enseñó un canto sagrado que servía para sanar a los enfermos.

Sokumapi regresó a su pueblo, en donde le daban por muerto, y les contó las buenas noticias. Muy pronto se convirtió en un guerrero invencible gracias a la lanza sagrada.

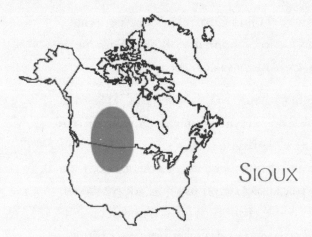

Sioux

Actualmente los Sioux viven en reservas indígenas en Nebraska, Montana, Dakota del Sur, Dakota del Norte, Minesota, Alberta, Manitoba y Saskachtewan. Se dedicaban a la caza de búfalo y eran poderosos guerreros. Tenían por costumbre arrancarle el cuero cabelludo a sus enemigos. Adoptaron el uso de los caballos y de las armas de fuego. A los mestizos los llamaban iyeska, *que quiere decir "aquellos que hablan blanco" y a los blancos* wasicu, *es decir, "perros ladrones". De los búfalos extraían todo cuanto utilizaban en su vida diaria, como hicieran los esquimales con las ballenas y las focas. Tal vez por esto la mujer búfalo se cuenta entre sus deidades principales. Sus rituales comprendían la autotortura. Los Sioux tenían por costumbre engancharse de las tetillas y colgarse de unos troncos de madera cara al sol para demostrar su valentía.*

MARPIYAWIN Y LOS LOBOS

Los Sioux eran una tribu viajera. Conocían muy bien las praderas, pues siempre iban de un lugar a otro buscando el mejor sitio para permanecer durante una temporada. Cuando encontraban una tierra con abundante agua, pasto para los caballos, animales para la caza, entonces organizaban sus campamentos y, con gran rapidez, montaban sus casas, también llamadas tipis.

Un frío día de otoño, la aldea marchaba en busca de un nuevo campamento. Entre los caminantes iba una niña llamada Marpiyawin jugando con un cachorrito que ella quería mucho, pues lo había cuidado desde recién nacido, cuando aun no abría los ojos.

Poco a poco Marpiyawin se fue quedando atrás. Los caballos de carga, los hombres que cuidaban de los caballos de caza y de guerra, las mujeres y los niños, todos avanzaban mientras la pequeña se iba quedando atrás, lejos de los otros.

Cuando oscureció vio que el perro ya no estaba. Lo buscó en el campamento y no lo encontró. "Tal vez se fue con los lobos", pensó

Marpiyawin, "o tal vez regresó al viejo campamento". Triste por la ausencia de su cachorrito, Marpiyawin recogió sus pasos en busca de las huellas del viejo campamento de verano. Allí durmió. Esa noche cayó la primera nevada de otoño sin despertarla. Al día siguiente continuó buscando. Esa tarde volvió a nevar y Marpiyawin tuvo que buscar una cueva que la protegiera del frío. En su bolsa llevaba wasna, carne de búfalo con cerezas, que le permitió calmar el hambre.

La muchacha durmió y soñó que podía hablar con los lobos, quienes le dijeron "si permaneces junto a nosotros nada malo podrá sucederte". Entonces ella les respondía y los lobos también comprendían sus palabras. Al despertar, los lobos la rodeaban, pero Marpiyawin no sintió miedo.

Durante los varios días que duró la tempestad, los lobos le llevaban comida. En las noches se acostaban a su lado para calentarla. Al poco tiempo ya se habían hecho amigos.

Cuando cesaron las nevadas, los lobos acompañaron a la niña hasta su campamento. Atravesaron valles y arroyos, cruzaron ríos y subieron y bajaron montañas hasta llegar al campamento donde vivía su gente. Allí Marpiyawin se despidió de sus amigos. A pesar de la alegría que sentía de volver a casa, grande era la tristeza de dejar a los lobos.

A medida que se iba acercando a la aldea, Marpiyawin notaba un olor cada vez más penetrante y desagradable: era el olor de la gente. Había pasado tanto tiempo con los lobos que había perdido su olor humano. Ahora entendía cómo rastrean los animales a los hombres.

Todos se alegraron al verla, pensaban que quizá una tribu enemiga la había raptado. Ella contó su historia mientras los aldeanos contemplaban las siluetas de los lobos que se dibujaban contra el cielo, en lo alto de la montaña.

—Los lobos salvaron mi vida —dijo.

Entonces los habitantes de la aldea, sorprendidos y contentos, recolectaron carne para ofrendar a los lobos como agradecimiento por haber cuidado de Marpiyawin.

Durante los meses de invierno, la muchacha alimentó a los lobos. Nunca olvidó su lenguaje y solía sostener largas conversaciones con ellos en un idioma que para los otros no era más que ruido. Se hizo vieja, los demás le preguntaban lo que decían los lobos y así sabían cuándo se acercaba una nevada o algún enemigo. Fue así como Marpiyawin fue siempre recordada por los hombres y las fieras.

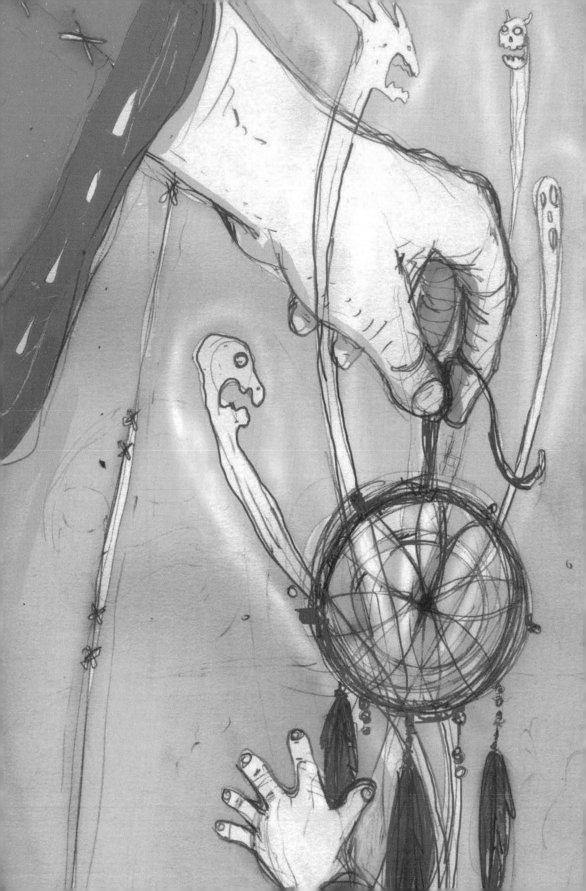

IKTOMI Y EL ATRAPASUEÑOS

Cuando el mundo apenas empezaba a crecer, un sabio anciano lakota salió a meditar a la montaña. Llevaba consigo un aro hecho con la madera del más viejo sauce que se encontraba en las llanuras de Norte América, y a éste le colgaba crines de caballos y plumas de águila. En la montaña tuvo una visión en la cual se le aparecía, en forma de araña, el gran maestro Iktomi.

"Nacemos pequeños e indefensos, dependemos del cuidado de otros. De la niñez pasamos a la adultez; crecemos. Al hacernos viejos estamos de nuevo en manos ajenas cerrando así el círculo. Redondo es el sol, el cielo; circular, el aire que se arremolina; un ciclo, las estaciones que se repiten desde siempre una tras otra. Estos ciclos contienen dentro de sí fuerzas malignas, fuerzas benignas. Las malignas lastiman, guían hacia el camino errado; las benignas protegen y fortalecen. Difícil es discernir entre ellas pues afectan también los ciclos armoniosos de la naturaleza, pero reconocer su energía favorece". Mientras decía esto, Iktomi se montó al aro y tejió una red que empezó por los bordes hasta llegar al centro y dejó allí, en la mitad, un agujero. "La red hace un círculo perfecto. Es para ti y para los tuyos; les servirá de protección. Las buenas visiones, influencias y sueños, quedarán atrapados en la red, quedándose contigo y honrando al Gran Espíritu. Por el agujero se irán los malos pensamientos, los malos sueños".

Al bajar de la montaña, el sabio anciano compartió con su pueblo la visión. Desde entonces esa red tejida por Iktomi, el atrapasueños, se cuelga encima de las camas para que los indios sean acompañados de las fuerzas benignas cuando están despiertos y alejados de las fuerzas malignas que los acechan entre sueños.

LAS ASTUCIAS DE COYOTE

Coyote encontró a Hurón tendido en el piso, retorcido del hambre. Coyote no tenía comida consigo pero sabía cómo conseguirla y convenció a Hurón de hacerse el muerto en la mitad de la pradera, por donde debían estar los conejos y los roedores. Coyote empezó a gritar diciendo que el peor enemigo de los roedores había muerto, que se acercaran a mirar. Los perros más audaces se acercaron prevenidos y pronto hubo una gran aglomeración de perros, conejos, castores y roedores de todo tipo alrededor de Hurón. Coyote los convenció de hacer cantos y danzas agradeciendo al Gran Espíritu por la muerte de tan temido adversario. "Esta última danza debemos hacerla con los ojos cerrados", dijo Coyote convenciéndolos a todos con tono ceremonioso. Mientras danzaban alrededor del supuesto cadáver, Coyote les daba en la cabeza con un garrote. Así siguieron hasta que un perro abrió los ojos y aulló advirtiendo el peligro. Todos salieron huyendo, pero Coyote había alcanzado a golpear bastantes y había comida más que suficiente para Hurón y para él.

Coyote siguió su camino y se encontró con otro coyote que al verlo con tanta comida le pidió un poco. Coyote no quería darle nada pero como se trataba de otro de su especie, decidió proponerle una carrera. "Si me ganas te daré la mitad". Pero el otro coyote era cojo. "Me amarraré un roca a la pata, así estaremos en igualdad de condiciones", insistió, conciliador. El coyote cojo no tuvo otra opción que aceptar y arrancaron. Coyote salió a toda velocidad pensando en su delicioso banquete mientras que el coyote cojo se detuvo de pronto, volvió sobre sus pasos, agarró la comida y se fue con ella a su escondite.